A Convenção de Viena e seus Reflexos no Direito Contratual Brasileiro

CB126264

A Convenção de Viena e seus Reflexos no Direito Contratual Brasileiro

2019

Lígia Espolaor Veronese

ALMEDINA

A CONVENÇÃO DE VIENA E SEUS REFLEXOS NO DIREITO CONTRATUAL BRASILEIRO
© Almedina, 2019

AUTOR: Lígia Espolaor Veronese
DIAGRAMAÇÃO: Almedina
DESIGN DE CAPA: Roberta Bassanetto
ISBN: 9788584934904

Dados Internacionais de Catalogação na Publicação (CIP)
(Câmara Brasileira do Livro, SP, Brasil)

Veronese, Lígia Espolaor
A Convenção de Viena e seus reflexos no direito contratual brasileiro / Lígia Espolaor Veronese. -- São Paulo : Almedina Brasil, 2019.
Bibliografia.
ISBN 978-85-8493-490-4
1. Comércio internacional 2. Contratos (Direito internacional) 3. Convenção de Viena 4. Tratados I. Título.

19-26380 CDU-341.24:347.7

Índices para catálogo sistemático:
1. Convenção de Viena : Contratos de compra e venda de mercadorias : Direito do comércio internacional 341.24:347.7
Iolanda Rodrigues Biode - Bibliotecária - CRB-8/10014

Este livro segue as regras do novo Acordo Ortográfico da Língua Portuguesa (1990).

Todos os direitos reservados. Nenhuma parte deste livro, protegido por copyright, pode ser reproduzida, armazenada ou transmitida de alguma forma ou por algum meio, seja eletrônico ou mecânico, inclusive fotocópia, gravação ou qualquer sistema de armazenagem de informações, sem a permissão expressa e por escrito da editora.

Maio, 2019

EDITORA: Almedina Brasil
Rua José Maria Lisboa, 860, Conj.131 e 132, Jardim Paulista | 01423-001 São Paulo | Brasil
editora@almedina.com.br
www.almedina.com.br

AGRADECIMENTOS

Esta obra é resultado das pesquisas realizadas durante anos para a elaboração de minha dissertação de mestrado. Desse modo, meu primeiro e principal agradecimento não poderia ser para outrem que não ao meu orientador, Professor Umberto Celli Junior. A ele agradeço pela séria orientação, ensinamentos, oportunidades e acompanhamento dispensados sempre, desde as aulas da graduação, ao longo da elaboração da dissertação - ora publicada nesta obra -, e até a atualidade com a orientação do doutorado.

Agradeço igualmente ao Professor Alberto do Amaral Júnior pelos ensinamentos e oportunidades de pesquisa desenvolvidas em conjunto com o Professor Umberto, as quais, certamente, contribuíram muito para o meu amadurecimento acadêmico-científico. Meus mais sinceros agradecimentos à Professora Vera Maria Jacob de Fradera pelas críticas, complementos e sugestões concedidas à dissertação, as quais foram em grande medida incorporadas para a publicação da presente obra.

Também merecem agradecimentos especiais as pessoas que conviveram comigo diariamente durante este projeto, minha mãe, Lia Aparecida Espolaor, minhas irmãs, Lívia Espolaor Veronese e Lara Espolaor Veronese, meu namorado, Victor Hugo Callejon Avallone, meu pai, Amauri Veronese e meus familiares próximos. A eles agradeço por todo carinho, apoio e paciência com as eventuais dificuldades impostas pela consecução desta obra, especialmente na fase de sua finalização.

Aos meus amigos e amigas da Sanfran da graduação e pós-graduação agradeço pelo companheirismo e amizade que tornaram mais doces e felizes estes 12 anos de Arcadas. Aos meus amigos e amigas de fora da Faculdade, cuja amizade e compreensão fizeram toda a diferença para que eu alcançasse meus objetivos acadêmicos, em especial os meus queridos ISACs (vocês sabem quem são).

Por fim, agradeço aos meus colegas, sócios, advogados e colaboradores do escritório L.O. Baptista Advogados, por me permitirem conciliar a vida acadêmica com a profissional, mesmo diante de todas as adversidades, e por apoiarem incondicionalmente a publicação desta obra.

A minha mãe, Lia A. Espolaor,
pelo apoio e dedicação que me inspiraram na concretização deste trabalho e,
especialmente, por sempre acreditar no meu potencial.

NOTA DA AUTORA

A obra se refere a uma versão atualizada e adaptada da Dissertação de Mestrado intitulada "A Convenção de Viena de 1980 - Substituição e Complementação ao Direito Contratual Brasileiro no Tratamento dos Contratos de Compra e Venda", defendida perante banca examinadora, em 16 de maio de 2016, na Faculdade de Direito da Universidade de São Paulo.

As atualizações e adaptações incorporadas nesta obra são reflexo, em primeiro lugar, das críticas e sugestões recebidas pela banca examinadora, composta pelo meu orientador, Professor Umberto Celli Junior, e pelos Professores Alberto do Amaral Júnior e Vera Maria Jacob de Fradera, aos quais agradeço imensamente pelo aprendizado e generosidade durante a minha arguição.

Além disso, tendo em vista a atualidade do tema objeto desta obra, algumas atualizações foram necessárias para que o livro pudesse refletir as mais recentes transformações relacionadas à aplicação da CISG ao direito contratual brasileiro, especificamente sobre os temas analisados nesta obra (formação do contrato, resolução do contrato e mitigação de danos). Quando a dissertação foi defendida, em 2016, poucos eram os julgados aplicando diretamente a Convenção. Atualmente, afora a diversificação da jurisprudência sobre o tema, os trabalhos doutrinários também se aperfeiçoaram, criando a necessidade de algumas adaptações reproduzidas nesta publicação.

Com esta apresentação, desejo uma leitura prazerosa e instigante tanto para os conhecedores e estudiosos da Convenção, como para os demais operadores do direito interessados em conhecer melhor a CISG na busca de aprimorar sua aplicação ao direito brasileiro.

Prefácio

A Convenção de Viena sobre os Contratos Internacionais de Compra e Venda de 1980 ("CISG") tornou-se, ao longo dos anos, um instrumento de expressiva aceitação e aplicação no comércio internacional à medida que propicia maior segurança nas relações entre compradores e vendedores de diferentes nacionalidades e culturas jurídicas. Apesar de, na prática, ter balizado muitas operações de compra e venda internacionais envolvendo empresas brasileiras, a CISG, com um injustificável atraso, tornou-se lei vigente no Brasil apenas no final de 2014 com a promulgação do Decreto 8.327/2014.

Na condição de lei interna, a CISG passou a se aplicar diretamente aos contratos internacionais de compra e venda antes sujeitos às regras do Código Civil Brasileiro. Logo à primeira vista, foi possível identificar a existência de alguns conflitos de caráter formal e material entre os dispositivos previstos nos dois diplomas.

Por perceber, com muita perspicácia, a importância do tema ainda pouco explorado no país, a autora, Lígia Espolaor Veronese, lançou-se a um profundo e competente trabalho de pesquisa sobre os impactos da CISG no direito contratual brasileiro, objeto deste livro, que é resultado de sua dissertação de mestrado apresentada com êxito e brilhantismo na Faculdade de Direito da Universidade de São Paulo (Largo São Francisco).

Com linguagem clara, impecável didatismo e notável capacidade de organização e sistematização, Lígia Veronese introduz ao leitor as principais características da CISG, sugerindo interpretações flexíveis e soluções harmonizadoras para as diferenças existentes entre o sistema convencional e o interno, não somente no que tange o direito positivado, como também o tratamento conferido pela doutrina e jurisprudência.

Além de atual, o tema possui grande utilidade prática para os operadores do direito, visto que busca preparar acadêmicos e profissionais para a aplicação e a interpretação adequadas da CISG ao tratamento dos contratos internacionais, substituindo e complementando o Código Civil Brasileiro, no que for aplicável.

A obra está dividida em duas partes. Na primeira, faz-se uma introdução compreensiva sobre a CISG em três capítulos. O primeiro capítulo discorre sobre o histórico de elaboração da CISG, desde a criação da United Nations Commission on International Trade Law ("UNCITRAL"), passando pela aprovação final de seu texto, até sua entrada em vigor no plano internacional, em 1988. A partir desse histórico, é possível verificar algumas dificuldades enfrentadas pelos elaboradores da Convenção, bem como a participação do Brasil nessa fase.

No segundo capítulo, são apresentadas ao leitor as principais características da CISG e sua organização, que tornam esta Convenção única e a diferenciam de outras até então existentes sobre o tema dos contratos de compra e venda. São examinados os princípios gerais da CISG, os quais devem nortear a interpretação de seus artigos e dos dispositivos contratuais sujeitos à Convenção, de modo a atingir seu fim máximo de unificação do direito. Esses princípios estão previstos no artigo 7º (1) da CISG e se referem ao caráter internacional, a busca pela uniformidade e a observância da boa-fé.

Para concluir a primeira parte, o terceiro capítulo trata das regras relativas à aplicação da CISG. Para tanto, analisam-se com profundidade o artigo 1º e subitens da Convenção, a fim de se definirem os critérios de internacionalidade e as condições para sua aplicação autônoma. A segunda parte desse capítulo trata da aplicação da CISG no direito brasileiro, com ênfase nas dificuldades impostas pelas regras nacionais sobre conflitos de leis, em particular, a Lei de Introdução às Normas do Direito Brasileiro.

Ao final dessa parte introdutória, o leitor possuirá o conhecimento necessário para penetrar no grande foco do trabalho, que consta da segunda parte, também dividida em três capítulos. O estudo das características e princípios basilares da CISG na primeira parte proporcionam uma análise pormenorizada dos temas que envolvem os possíveis conflitos entre as regras da CISG e as do Código Civil Brasileiro. Esses temas abrangem os principais momentos da "vida" do contrato, quais sejam: a formação do contrato, a resolução do contrato por inadimplemento e a responsabilidade civil.

No capítulo referente à formação dos contratos, são estudados o momento da conclusão do contrato, a oferta ao público e a revogabilidade da proposta. Nesses três temas, a autora demonstra sua percepção de que as regras da CISG (artigos 14 a 24) são contraditórias com o previsto pelo Código Civil Brasileiro (artigos 427 a 434). O desafio desse capítulo é trazer interpretações, pautadas nos princípios gerais da CISG, para que esses conflitos sejam harmoniosamente solucionados.

O mesmo desafio é colocado no segundo capítulo relativo à resolução do contrato. Para esse tema, a CISG apresenta um conceito "novo" ao direito brasileiro, o da violação essencial do contrato (constante do Decreto 8.327/2014, em tradução à expressão em inglês *fundamental breach of the contract*), cuja ocorrência permite ao credor resolver o contrato de compra e venda sem a necessidade de interpelação judicial prevista no Código Civil Brasileiro. Além disso, é analisada a prevalência dada pela CISG à alternativa de execução específica do contrato em detrimento de sua resolução. Para esses casos, a autora busca demonstrar que as regras da CISG, em vez de contraditórias, são complementares às do direito contratual brasileiro, substituindo-o no que for mais adequado ao comércio internacional, âmbito de aplicação da CISG.

Seja com a resolução do contrato ou com sua execução específica, a parte vítima do inadimplemento contratual faz jus à indenização pelos danos incorridos (tanto pela CISG como pelo Código Civil Brasileiro). Contudo, a quantificação desses danos pode variar considerando situações específicas ou a conduta das partes. O terceiro e último capítulo do livro aborda essas diferenças, com destaque para o dever das partes contratantes de mitigar prejuízos, indicando que, também nesse campo, a CISG está em harmonia com o Código Civil Brasileiro.

Por meio dessa análise, a autora demonstra ao leitor, operador do direito, que a entrada da CISG não gera impactos negativos. Pelo contrário, a Convenção substitui e complementa harmoniosamente o direito brasileiro no tratamento dos contratos internacionais de compra e venda.

Trata-se, portanto, de tema dos mais relevantes para todos aqueles que lidam com o direito contratual e, em especial, com os contratos de compra e venda internacional de mercadorias. Não tenho dúvidas em afirmar que Lígia Veronese pode ser considerada uma das pioneiras em seu estudo. Estou também certo de que seu livro, que ora vem a público, preencherá uma grande lacuna, inscrevendo a autora no seleto rol dos grandes juristas brasileiros da nova geração.

Umberto Celli Junior
Professor Titular de Direito Internacional da Faculdade de Direito de Ribeirão Preto da Universidade de São Paulo (USP); Diretor da Faculdade de Direito de Ribeirão Preto da USP (2013/2017); Membro do "Committee of Experts of Contract Law" do "BRICS Legal Forum".

LISTA DE ABREVIATURAS E SIGLAS

BGB	Bürgerliches Gesetzbuch.
CCB	Código Civil Brasileiro, Lei 10.406 de 10 de janeiro de 2002.
CDC	Código de Defesa do Consumidor, Lei 8.078 de 11 de setembro de 1990.
CISG	1980 United Nations Convention on Contracts for the International Sale of Goods / Convenção das Nações Unidas sobre Contratos de Compra e Venda Internacional de Mercadorias de 1980.
CISG-AC	CISG Advisory Council.
CLOUT	Case Law on Uncitral Texts.
CVDT	Convenção de Viena sobre o Direito dos Tratados, de 1969.
ICC/CCI	International Chamber of Commerce / Câmara de Comércio Internacional.
Incoterms	ICC International Commercial Terms.
LINDB	Lei de Introdução às Normas do Direito Brasileiro, Lei nº 4.657 de 4 de setembro de 1942.
ONU	Organização das Nações Unidas.
PECL/PEDC	European Principles on Contract Law / Princípios Europeus de Direito Contratual.
ULF	1964 Uniform Law on the Formation of Contracts for the International Sale of Goods / Lei Uniforme sobre a Formação dos Contratos de Compra e Venda Internacional de Mercadorias, de 1964.
ULIS	1964 Uniform Law on the International Sale of Goods / Lei Uniforme sobre a Compra e Venda Internacional de Mercadorias, de 1964.
UNCITRAL	United Nations Commission on International Trade Law / Comissão das Nações Unidas para o Direito do Comércio Internacional.
UNIDROIT	International Institute for the Unification of Private Law / Instituto Internacional para a Unificação do Direito Internacional Privado.

SUMÁRIO

INTRODUÇÃO

Desde o dia 17 de outubro de 2014 não existem mais dúvidas quanto à vigência da Convenção das Nações Unidas sobre Contratos de Compra e Venda Internacional de Mercadorias de 1980 (ao longo desta obra referida como "CISG"[1] ou somente como "Convenção") no Brasil. Trata-se da data de publicação do Decreto nº 8.237/2014, que promulgou a CISG.

O instrumento de ratificação da CISG foi depositado pelo Governo Brasileiro junto à Secretaria Geral da Organização das Nações Unidas ("ONU") em 4 de março de 2013 e, nos termos do artigo 99(2) da Convenção, esta teria entrado em vigor no dia 1º de abril de 2014, por ser "*o primeiro dia do mês seguinte ao término do prazo de doze meses, contado da data em que haja depositado seu instrumento de ratificação*".[2] No entanto, até a data do referido Decreto, pairava a dúvida sobre se a Convenção era, de fato, vigente em território nacional, podendo ser inclusive aplicada pelos juízes estatais.

A promulgação da CISG via Decreto Presidencial, além de colocar fim às discussões travadas sobre o assunto, cristalizou o entendimento quanto aos requisitos necessários à vigência de tratados internacionais. Nos ter-

[1] CISG é a sigla oficial utilizada para se referir à Convenção, sendo a forma abreviada de seu nome no idioma inglês: *United Nations Convention on Contracts for the International Sale of Goods.*

[2] Íntegra do Artigo 99(2) da CISG: *Quando um Estado ratificar, aceitar, aceder ou aprovar a presente Convenção, ou a ela aderir, após haver sido depositado o décimo instrumento de ratificação, aceitação, aprovação ou acessão, a Convenção, salvo a Parte excluída, entrará em vigor com relação a esse Estado no primeiro dia do mês seguinte ao término do prazo de doze meses, contado da data em que haja depositado seu instrumento de ratificação, aceitação, aprovação ou acessão, observado o disposto no parágrafo (6) deste artigo.*

mos dos *consideranda* do Decreto nº 8.237/2014[3], a Convenção entrou em vigor para o Brasil em 1º de abril de 2014 apenas no *plano jurídico externo*, por terem sido cumpridos tão somente os requisitos convencionais (aqueles do artigo 99(2)), ao passo que, *internamente*, só é possível falar em vigência da CISG a partir de 17 de outubro de 2014.[4]

Com isso, o Brasil passou a integrar uma comunidade que conta atualmente com 89 países contratantes da Convenção[5], o que, sem dúvidas, representou importantíssimo passo para sua maior imersão no comercio internacional. Em razão de sua maciça ratificação e vigência nas principais economias mundiais – como ilustrado no quadro abaixo (F1)[6] -,diz-seque a CISG pode ser considerada o tratado internacional de regras privadas de maior aplicação no cenário mundial[7]:

[3] *"Considerando que o Governo brasileiro depositou, em 4 de março de 2013, o instrumento de adesão à Convenção das Nações Unidas sobre Contratos de Compra e Venda Internacional de Mercadorias - Unicitral e que a Convenção entrou em vigor para o Brasil,* ***no plano jurídico externo****, em 1º de abril de 2014"* (grifo não original).

[4] Para mais detalhes sobre a discussão enVolvendo a vigência da CISG, vide: R. F. Alves - L. E. Veronese, *The CISG has definitely entered into force in Brazil*, NYU Center for Transnational Litigation, Arbitration and Commercial Law - Transnational Notes, 2014, disponívelem: http://blogs.law.nyu.edu/transnational/2014/11/the-cisg-has-definitely-entered-into-force--in-brazil/

[5] Informação disponível em: http://www.uncitral.org/uncitral/en/uncitral_texts/sale_goods/1980CISG_status.html. Acesso em março de 2019.

[6] Quadro disponível em: http://www.uncitral.org/uncitral/en/uncitral_texts/sale_goods/1980CISG_status_map.html. Acesso em março de 2019.

[7] F. Ferrari, *The CISG and its Impact on National Contract Law - General Report*, *in* J. S. Cordero (ed.), *The impact of uniform law on national law: limits and possibilities*, 1ªed., México, Univ. Nacional Autónoma de México, 2010, p. 122.

O tema referente à aplicação da CISG ao direito brasileiro tem passado por diversas transformações em um curto espaço de tempo. Para se ter uma ideia, quando a dissertação que deu origem a esta obra começou a ser elaborada, ainda em forma de projeto de pesquisa, a aprovação da CISG ainda se encontrava em tramitação no Congresso Nacional e pouco se falava sobre o assunto. Quando da qualificação para o mestrado, o que ocorreu em agosto de 2014, a Convenção já era vigente no plano internacional, mas ainda carecia de promulgação pela Presidente da República.

Com a conclusão do trabalho, em 2016, mesmo com a plena vigência da Convenção nos planos externo e interno, as publicações brasileiras sobre o tema ainda eram limitadas, assim como o número de casos jurisprudenciais. Atualmente, o tema desenvolvido na obra ora publicada vem sendo alvo de constantes estudos por internacionalistas e civilistas, além de maior aplicação por juízes e árbitros.

Em razão da contemporaneidade do estudo da CISG e o direito brasileiro, a maioria destes trabalhos é feita de modo fragmentado, optando-se por um ou outro dispositivo da Convenção a ser ora simplesmente descrito, ora confrontado com o direito nacional, no intuito de demonstrar eventuais conflitos e conciliações.[8]

Desse modo, a despeito destas numerosas contribuições, ainda levará algum tempo para que a doutrina e a jurisprudência sobre a CISG e o direito brasileiro se consolidem, se é que seja possível falar em consolidação, tendo em vista o dinamismo do direito privado, em especial do direito do comércio internacional, estritamente relacionado com o avanço da tecnologia e do processo de globalização[9].

Esta obra pode ser entendida como mais uma contribuição para este conjunto de estudos envolvendo a aplicação da CISG e sua adaptação ao

[8] Os principais livros de comentários à CISG publicados no Brasil se limitam a detalhar os dispositivos da CISG à luz da sua interpretação e aplicação internacional ou a traduzir os comentários mais importantes sobre a CISG para o português (vide, por exemplo, obra: I. Schwenzer *et.al*, *Comentários à Convenção das Nações Unidas sobre Contratos de Compra e Venda Internacional de Mercadorias*, São Paulo, Revista dos Tribunais, 2014).

[9] Basta fazer a reflexão no sentido de que, quando foi aprovado o texto da CISG, em 1980, o uso de microcomputadores para o uso doméstico sequer havia se expandido. Com o desenvolvimento da tecnologia, a CISG precisou ser interpretada para comunicações eletrônicas, às quais compõem atualmente a grande maioria das contratações internacionais (vide Parecer nº 1 do CISG-AC, sobre o qual se falará adiante, disponível em: https://www.cisgac.com/cisgac-opinion-no1/).

direito brasileiro. Logo, também os entendimentos aqui constantes estão sujeitos a alterações de acordo com a evolução doutrinária e jurisprudencial.

Ressalta-se, todavia, que seu objeto se difere um pouco dos demais por duas razões. Primeiramente, o foco deste trabalho não se limita à descrição pura dos dispositivos da CISG e daqueles existentes no direito contratual brasileiro, mas parte da análise comparada de seus principais pontos de contato para trazer ao operador do direito uma solução útil à aplicação harmoniosa dos dois instrumentos.

Além disso, o objetivo da obra não fica restrito apenas a esta comparação entre a CISG e o direito brasileiro, precipuamente representado pelo Código Civil Brasileiro de 2002[10] ("CCB"). Procura-se, a partir da comparação, desmistificar a ideia de incompatibilidade entre a CISG e o direito brasileiro existente em razão de diferenças entre alguns de seus principais dispositivos.

Verificar-se-á, a partir da análise dos dispositivos e da aplicação dos parâmetros interpretativos da CISG, juntamente ao exame das diferentes facetas que envolvem os temas a serem analisados, que os dois sistemas são plenamente compatíveis entre si, respeitados os seus diferentes âmbitos de aplicação. Como se verá, a CISG foi elaborada para se aplicar apenas aos contratos internacionais de compra e venda, ao passo que as regras do CCB são direcionadas a todos os tipos de contrato, sejam ou não de cunho comercial.

Feitos estes breves esclarecimentos, a obra está dividida em duas partes, sendo uma de cunho mais introdutório e descritivo sobre a CISG, e outra analítica, que contempla o real objeto do estudo.

A primeira parte é de extrema relevância para o aprofundamento das questões estudadas na parte seguinte. A partir do histórico (Capítulo 1), das características mais marcantes e princípios norteadores (Capítulo 2) e do âmbito de aplicação (Capítulo 3) da CISG, são fixadas as principais premissas interpretativas de seus dispositivos, permitindo a apuração do real objeto, alcance e efeito das normas por ela delineadas.

Da fixação dos princípios de interpretação, passa-se ao estudo individualizado dos temas definidos pela doutrina como os mais "problemáticos" no que tange a aplicação da CISG ao direito contratual brasileiro, por

[10] Lei 10.406 de 10 de janeiro de 2012.

trazerem institutos "novos" ou "contraditórios" aos previstos pelo CCB. São eles a formação do contrato (Capítulo 1), a resolução do contrato por inadimplemento (Capítulo 2) e a mitigação de danos (Capítulo 3).

Além de muito comentados, os temas acima se encontram entre os mais relevantes da "vida" do contrato. Inicia-se com a formação dos contratos, momento em que são fixadas as principais características do vínculo, seu objeto e obrigações das partes. Neste tema, focar-se-á na análise de aspectos polêmicos sobre as teorias de comunicação para determinação do momento da conclusão do contrato, a oferta dirigida ao público e, por fim, sobre a possibilidade de revogação da oferta pelo proponente.

A partir da formação do contrato, adentra-se o âmbito de sua execução (ou melhor, inexecução) e extinção, por meio do estudo da resolução do contrato por inadimplemento. Compreende este segundo capítulo a análise comparada da CISG, a qual confere o poder às partes de resolver o contrato mediante a ocorrência de uma *violação essencial*, e do tratamento conferido ao tema pelo direito brasileiro tradicional, especialmente pela doutrina desenvolvida sobre a exigência do inadimplemento absoluto para que seja reconhecido o direito à resolução.

O último capítulo cuida de apenas um dos vários aspectos que envolvem o tema da responsabilidade civil, qual seja, a mitigação de danos indenizáveis. Trata-se de um instituto considerado por muitos como "novo" ao direito contratual brasileiro, visto que, até a entrada em vigor da CISG, este não era especificamente positivado, mas decorrente da interpretação do princípio da boa-fé objetiva e, em boa medida, da regulamentação acerca da contribuição da vítima para a extensão dos danos, como se pretende demonstrar.

Nestes três capítulos, busca-se a essência das regras preconizadas pela CISG e pelo CCB para que o "impacto" causado pela CISG possa ser trocado pelos termos "substituição" e "complementação" harmoniosa ao direito contratual brasileiro. Substituição na medida em que, por ser vinculante, a CISG revoga, apenas para os contratos internacionais de compra e venda, os dispositivos em conflito direto, sendo poucos estes casos. Complementação na medida em que a CISG, ainda que com escopo de aplicação limitado, pode atuar como importante ferramenta interpretativa dos dispositivos do CCB e dos institutos existentes no direito contratual brasileiro.

Parte I: CISG – Conceitos Essenciais

Conforme observado na introdução, esta obra tem por objetivo avaliar os principais impactos da entrada em vigor da CISG no Brasil. Para isso, uma análise das caracterísicas mais relevantes da Convenção se faz necessária de maneira a facilitar a compreensão do alcance e objetivos de seus dispositivos.

Como instrumento de uniformização de regras no tratamento dos contratos internacionais de compra e venda, a CISG é fruto de um intenso trabalho de conciliação de diferentes sistemas jurídicos com base em vários estudos de direito comparado.[11]

Apesar desta característica, a CISG não representa necessariamente um denominador comum deste exercício de direito comparado, mas antes o resultado de um processo político de negociação que buscou o estabelecimento de um conjunto de regras autônomo que pudesse ser amplamente interpretado e aplicável à compra e venda internacional em países de diferentes sistemas, evitando-se, assim, o recurso às problemáticas regras de direito internacional privado de conflito de leis.[12]

[11] V. M. Jacob de Fradera, *A contribuição da CISG (Convenção de Viena sobre os Contratos de Compra e Venda Internacional) para atualização da noção de contrato no direito brasileiro*, *in* Revista de Arbitragem e Mediação, São Paulo, 34 (Jul. 2012), p. 43.

[12] P. Huber, *Some Introductory remarks on the CISG*, *in* Internationales Handelsrecht, vol. 6, Mainz, Sellier European Law Publishers, 2006, p. 229. Disponível em: http://www.cisg.law.pace.edu/cisg/biblio/Huber.html

O resultado deste trabalho foi a criação de um instrumento original, não vinculado aos direitos e leis nacionais[13]. Esta característica faz com que a CISG seja considerada uma das tentativas mais bem sucedidas de uniformização do comércio internacional, contando com a ratificação maciça de Estados de diferentes tradições jurídicas e possuindo ampla aplicação na imensa maioria dos contratos internacionais de compra e venda em vigor no mundo atualmente.[14]

No entanto, não se pode diagnosticar o grande sucesso da CISG bem como a sua contribuição ao direito contratual brasileiro apenas tendo em conta a quantidade de Estados contratantes e o volume de contratos que são firmados no seu âmbito. Além desses critérios, é necessário analisar se a sua aplicação está sendo feita de acordo com os princípios por ela estipulados e de acordo com o que seus elaboradores pretenderam estabelecer.[15]

Desse modo, cabe à primeira parte desta obra trazer uma breve referência ao histórico da elaboração da CISG (Capítulo 1), bem como uma esplanação acerca de suas principais características e princípios norteadores (Capítulo 2). Cumpre ainda, ao Capítulo 3 da primeira parte, trazer um estudo das regras de aplicação da CISG no plano internacional e no Brasil. A partir destes conceitos importantes, será possível estabelecer os parâmetros essenciais para se atingir os objetivos e melhor compreensão do estudo comparativo a ser realizado na segunda parte.

[13] Ainda que utilizados como base para sua elaboração e para fins de comparação.

[14] F. Ferrari, *The CISG...* p. 122; A. H. Kritzer, *The Convention on Contracts for the International Sales of Goods: Scope Interpretation and Resources*, in *Cornell Review of the Convention on Contracts for the International Sale of Goods*, 1995, p. 147. Disponível em: http://www.cisg.law.pace.edu/cisg/biblio/kritzer.html#KR*

[15] F. Ferrari, *The CISG...*, p. 159.

Capítulo 1 – Histórico de Elaboração da CISG

A CISG foi elaborada no âmbito da Comissão das Nações Unidas para o Direito do Comércio Internacional (*United Nations Commission on International Trade Law,* neste trabalho referida como "Uncitral"), a qual foi criada por meio da Resolução 2205(XXI) da Assembleia Geral da Organização das Nações Unidas, de 17 de dezembro de 1966, com o objetivo de facilitar o comércio e investimento internacional.[16]

Desde então, esta comissão das Nações Unidas desenvolve progressiva harmonização das normas de comércio internacional por meio da elaboração e promoção do uso e adoção de instrumentos normativos e não normativos acerca de assuntos relevantes sobre direito contratual internacional.[17] Neste contexto, a CISG faz parte destes instrumentos criados para a harmonização das regras referentes ao contrato internacional de compra e venda de mercadorias.

Tanto o é, que a elaboração da CISG foi um dos primeiros trabalhos a serem iniciados após a criação da Uncitral, como veremos mais adiante. No entanto, o interesse em se elaborar uma regra uniforme de aplicação aos contratos de compra e venda internacional data de muito antes da funda-

[16] The Unicitral Guide – Basic Facts about the United Nations Commission on International Trade Law, Uncitral, United Nations, Viena, 2007. Texto da Resolução disponível em: http://www.jus.uio.no/lm/uncitral.2205-xxi/portrait.a4.pdf.

[17] *Idem, ibidem.*

ção da Uncitral, bem como do início da negociação da CISG, mais precisamente da década de 1930.[18]

Nessa época, os projetos eram desenvolvidos no âmbito do Instituto Internacional para a Unificação do Direito Internacional Privado (sigla "UNIDROIT"), tendo por seu principal idealizador o Professor E. Rabel. Suas obras enunciavam desde já a dificuldade enfrentada pelos operadores do comércio internacional causada pelas diferentes regras de direito internacional privado existentes, bem como traziam a necessidade de elaboração de um instrumento uniforme (*einheitlichen Kaufgesetzes*) a ser aplicado de forma autônoma às transações de compra e venda internacionais.[19]

Contudo, este processo de elaboração sofreu uma longa interrupção durante a Segunda Guerra Mundial, tendo sido retomado com a submissão dos trabalhos à Conferência Diplomática da Haia de 1964, onde foram assinadas duas convenções sobre o assunto: a Lei Uniforme sobre a Formação dos Contratos de Compra e Venda Internacional de Mercadorias ("ULF"); e a Lei Uniforme sobre a Compra e Venda Internacional de Mercadorias ("ULIS").[20]

Apesar do importante avanço alcançado com a assinatura destas duas convenções, seu processo de ratificação pelos países não foi bem sucedido, sendo estas ratificadas por apenas nove países.[21] Como resultado, na primeira sessão da Uncitral, realizada em 1968, foi conferida alta prioridade aos trabalhos de uniformização das regras sobre a compra e venda internacional de mercadorias, onde a principal dúvida era se a comissão deveria

[18] J. O. Honnold, *Uniform Law for International Sales under the 1980 United Nations Convention*, 3ª ed., The Hague, Kluwer Law International, 1999. p. 5.

[19] Vide obras: E. Rabel, *Der Entwurf eines einheitlichen Kaufgesetzes*, in Zeitschrift für ausländisches und internationales Privatrecht, 9. Jahrg., Berlin, Mohr Siebeck, 1935, pp. 1-79; E. Rabel, *The Draft of a Uniform Law Concerning International Sales of Goods*, Rome, Unidroit, 1947, p. 5.

[20] *Explanatory Note by the Unicitral Secretariat on the United Nations Convention on Contracts for the International Sale of Goods*, Unicitral Document V.89-53886, 1989, §2. Disponível em: http://www.cisg.law.pace.edu/cisg/text/p23.html; M. Bridge, *The International Sales of Goods, Law and Practice*, 2ª ed., Oxford, Oxford University Press, 1999, p. 40.

[21] P. Schelechtriem – I. Schwenzer, *Commentary on the UN Convention on the International Sale of Goods*, 3ª ed., München, Beck, 2010, p. 1; J. O. Honnold, *Uniform Law* ..., p.6; Países que ratificaram: Bélgica (1972); Gâmbia (1974); Alemanha (1974); Israel (ULIS em 1972 e ULF em 1980); Itália (1972); Luxemburgo (1979); Holanda (1972), São Marino (1972) e Reino Unido (1972).

promover a ampla adoção destas duas convenções, ou se, alternativamente, deveria ser elaborado um novo instrumento legal.[22]

Assim, um processo detalhado de análise das duas convenções foi iniciado pela Uncitral, pelo qual seus textos foram enviados aos Estados membros da comissão para que estes avaliassem a possibilidade de ratificação, bem como para que fizessem comentários argumentando sobre as razões da não adesão. O intuito era avaliar quais modificações deveriam ser realizadas para que os instrumentos pudessem ser amplamente aceitos por diferentes sistemas legais. E, em 1969, na sua segunda sessão de trabalhos, a Uncitral decidiu pela necessidade de elaboração de um novo instrumento legal, tendo em vista a fraca aceitação da ULF e da ULIS.[23]

Neste contexto, foram iniciados os trabalhos para a elaboração da CISG, sendo a comissão composta por um número de membros limitado (não participaram todos os membros das Nações Unidas), mas representativo de Estados dos diferentes continentes e sistemas jurídicos.[24] Com base nestes dois elementos, a Uncitral era composta por 36 membros, sendo 9 da Africa, 7 da Ásia, 5 da Europa Oriental, 6 da América Latina, e 9 membros dos chamados "Estados Ocidentais", compostos por países da Europa Ocidental, Austrália, Nova Zelândia, Canadá e Estados Unidos da América.[25]

Essa comissão, por sua vez, instituiu um Grupo de Trabalho formado 14 Estados, também distribuídos de forma representativa[26], que teve por função elaborar o texto do que seria mais tarde aprovado como a CISG. Essa característica de representatividade foi de extrema importância para a elaboração da Convenção, visto ser uma das razões para o fracasso das antigas convenções da Haia o fato de estas terem sido elaboradas e assinadas

[22] J. O. Honnold, *Uniform Law* ..., p. 9.

[23] *Explanatory Note* ..., § 3; J. O. Honnold, *Uniform Law*..., p. 10; P. Schelechtriem – I. Schwenzer, *Commentarry* ..., 2010, pp. 1-2.

[24] P. Schelechtriem – I. Schwenzer, *Commentary* ..., 2010, p. 2; J. O. Honnold, *Uniform Law*..., pp. 6-7.

[25] *UN General Assembly Resolution 2205(XXI) of 17 December, 1966.* Inicialmente, a comissão era comporta por 29 países, sendo a composição acima aprovada apenas em 1973, por meio da Resolução 3108(XXVIII). Texto da Resolução disponível em: http://www.jus.uio.no/lm/uncitral.2205-xxi/portrait.a4.pdf.

[26] Os membros do Grupo de Trabalho eram: Brasil, França, Gana, Hungria, Índia, Irã, Japão, Quênia, México, Noruega, Tunísia, União Soviética, Reino Unido e Estados Unidos da América.

por um pequeno grupo de Estados, sendo a maioria deles pertencentes à Europa Ocidental.[27]

A comissão completa se reuniu uma vez a cada ano para sessões que duravam entre duas a quatro semanas, tendo sido a participação dos membros bastante ativa na avaliação dos projetos desenvolvidos pelo Grupo de Trabalho.

Como era de se esperar, as diferenças de interesses entre as delegações causaram divergências na elaboração de alguns dispositivos da CISG, inclusive em uma escala maior se comparada à elaboração da ULF e da ULIS. Em especial, nota-se conflitos entre membros de tradições de *common law* e *civil law*, bem como conflitos de interesses de países industrializados contra países em desenvolvimento e subdesenvolvidos, principalmente em razão da discrepância na posição que cada país desempenha no comércio internacional.[28]

Por esse motivo, a versão final de alguns dispositivos da Convenção representa um "compromisso" entre diferentes tradições jurídicas e concepções políticas conflitantes para que se pudesse alcançar um grande nível de aceitação (*compromisse rule*).[29] Tem-se o exemplo, que será melhor estudado na segunda parte, da regra presente no artigo 16(2)(a) da CISG, referente à revogabilidade da proposta de contrato de compra e venda quando há estipulação de um prazo para aceitação. Enquanto que, para os operadores de *civil law*, a estipulação de um prazo torna a proposta irrevogável, para aqueles de tradição de *common law*, o prazo apenas indicaria um lapso temporal em que a proposta permanece em aberto,

[27] Dos países que participaram da Conferência de Haia de 1964, 19 eram da Europa Ocidental, 3 da Europa Oriental (a ausência da União Soviética se mostrou significante), enquanto que a América Latina, Ásia e África foram representados com apenas um país (J. O. Honnold, *The Draft Convention on Contracts for the International Sale of Goods: An Overview, in* American Journal of Comparative Law, 1979, p. 224. Disponível em: http://www.cisg.law.pace.edu/cisg/biblio/Honnold2.html); A. C. Cordeiro Neto – G. M. Radael – L. F. C. Lopes, *Brazil and the Accession to the 1980 United Nations Convention on Contracts for the International Sale of Goods (CISG): Advantages and Disadvantages*, 2011, item 1.1. Disponível em http://cisgw3.law.pace.edu/cisg/biblio/neto-radael-lopes.html.

[28] P. Schelechtriem – I. Schwenzer, *Commentary...*, p. 2.

[29] P. Šarčević, *The CISG and RegionalUunification, in* F. Ferrari (org), *The 1980 uniform sales law: old issues revisited in the light of recent experiences: Verona conference 2003*, München, Sellier European Law Publishers, 2003. p. 5; F. Enderlein, – D. Maskow, *International Sales Law. United Nations Convention on Contracts for the International Sales of Goods. Convention on the Limitation Period in the International Sales of Goods.* New York, Oceana, 1992, p. 81

sendo que a regra presente no referido artigo dá margem a entendimentos nos dois sentidos.[30]

Ao final destes trabalhos, o objetivo da preparação de um novo instrumento foi alcançado. Na Conferência Diplomática da ONU, realizada em 11 de abril de 1980, o texto final da CISG foi aprovado, trazendo uma combinação atualizada dos dispositivos presentes nas antigas convenções da Haia.[31] Na ocasião, a conferência contou com a participação de 62 países e 8 organizações internacionais e, dos 88 artigos que compõem a parte substancial da Convenção, 74 receberam aprovação unânime, enquanto que apenas 8 receberam não mais que 2 votos contrários.[32]

A Convenção entrou em vigor no plano internacional apenas em 1988, quando, nos termos de seu artigo 99(1), foi ratificada pelo mínimo de dez países.[33] Interessante notar o fato de que, dentre os 11 primeiros Estados a ratificarem a CISG até a data de sua entrada em vigor, encontram-se países de todas as regiões geográficas, estágios de desenvolvimento, bem como de todos os sistemas jurídicos, sociais e econômicos mais relevantes, a saber: Argentina, China, Egito, França, Hungria, Itália, Lesoto, Síria, Estados Unidos da América, Yugoslávia e Zâmbia.[34] Esse fato já evidenciava, desde logo, a capacidade da CISG de ser amplamente aceita e de cumprir o seu objetivo de se tornar uma lei uniforme, o qual não foi alcançado pela ULIS e ULF.

Por fim, após esta breve introdução histórica, ainda cumpre notar a participação do Brasil na elaboração da CISG. O Brasil foi membro do Grupo de Trabalho iniciado em 1969, bem como foi indicado para compor o Comitê de Redação da CISG para a elaboração das versões oficiais do texto

[30] C. M. Bianca – M. J. Bonell, *Commentary on the International Sales Law*, Milano, Giuffré, 1987, pp. 150-151; S. Malik, *Offer: Revocable or Irrevocable. Will Art. 16 of the Convention on Contracts for the International Sale Ensure Uniformity?* In *Indian J. Int'l L.* (1985) 26-49. Disponível em http://www.cisg.law.pace.edu/cisg/biblio/malik.html; P. Schelechtriem – I. Schwenzer, *Commentary* ..., p. 121; Vide Parte II, Capítulo 1 do presente trabalho.

[31] *Explanatory Note* ..., §3.

[32] J. O. Honnold, *Uniform Law*..., pp. 10 e 12.

[33] Artigo 99: (1): *Esta Convenção entrará em vigor, observado o disposto no parágrafo (6) deste artigo, no primeiro dia do mês seguinte ao término do prazo de doze meses, contados da data em que houver sido depositado o décimo instrumento de ratificação, aceitação, aprovação ou acessão, incluindo o instrumento que contenha declaração feita nos termos do artigo 92.*

[34] *Explanatory Note* ..., §4.

em 6 idiomas.[35] Esse fato demonstra o amplo conhecimento da delegação brasileira acerca dos dispositivos da Convenção desde seu nascimento, o que dificulta a compreensão sobre o atraso de mais de 30 anos para tê-la ratificado.[36]

[35] J. O. Honnold, *Uniform Law...*, p. 11; vide nota 26 acima. A delegação brasileira era composta pelo Ministro das Relações Exteriores à época, Professor Francini Net, Mair Ione Vilhena de Vasconcelos e José Antônio de Macedo Soares (representantes substitutos) e Luciano Benevolo de Andrade (procurador da Fazenda Nacional).

[36] Vide I. A. Vieira, *in* F. Ferrari (org), *The CISG and its Impact on National Legal Systems*, Munich, Sellier, 2008, pp. 9-10. Segundo a autora, as razões para a tardia adoção pelo Brasil são as seguintes: (i) a ausência de pressão por parte da comunidade jurídica para a adesão e, por este motivo, o Poder Legislativo não tomou conhecimento, ficando inerte; (ii) o tema da adoção da CISG não tinha apelo político; (iii) pouco conhecimento da convenção no Brasil e falta de efetivo compromisso do governo brasileiro em adotar mecanismos de fortalecimento do comércio internacional; e (iv) falta de clareza e possível insegurança jurídica causada pelos conceitos imprecisos e flexíveis da convenção.

Capítulo 2 - Características e Princípios de Interpretação da CISG

1 Características e Composição da CISG

A descrição acerca do histórico de elaboração da CISG também é relevante para que se possa compreender a sua finalidade e suas principais características. Conforme é possível inferir de seu contexto de criação, a CISG, como um conjunto de regras uniformes sobre o tratamento dos contratos de compra e venda, tem por objetivo buscar a padronização internacional de normas a serem aplicadas e aceitas pelos mais diversos ordenamentos jurídicos existentes.

Desse modo, a Convenção é fruto de um trabalho intenso de busca aos dispositivos comuns a um grande número de países, de modo a ser amplamente utilizada e a garantir a segurança jurídica nas operações de compra e venda internacionais, as quais em grande parte envolvem indivíduos de diferentes sistemas jurídicos, econômicos e sociais.

Além disso, é importante frisar que a CISG é um instrumento de uniformização de direito material e, portanto, não tem por finalidade o estabelecimento de regras de direito internacional privado sobre conflito de leis.[37] Pelo contrário, a CISG surge para assegurar aos contratantes a aplicação das mesmas regras independentemente da jurisdição a ser

[37] B. W. Rechsteiner, *Direito Internacional Privado. Teoria e Prática*, 15ª ed., São Paulo, Saraiva, 2012, p. 68.

acionada. Como consequência, seus dispositivos tratam essencialmente de questões substanciais acerca da compra e venda internacional de mercadorias direcionadas às partes da transação e estão divididos em quatro partes.

A primeira parte contém regras sobre o escopo de aplicação da CISG (artigos 1 a 6) e algumas disposições gerais, dentre as quais se destacam as regras de interpretação da Convenção e das declarações das partes (artigos 7 e 8) e aquela acerca da liberdade de forma do contrato (artigo 11).

A segunda parte da CISG cuida do tema da formação dos contratos, trazendo regras específicas acerca dos elementos da proposta e aceitação, bem como sobre a efetividade destas declarações de vontade para que o contrato seja concluído nos termos da Convenção (artigos 14 a 24).

O tratamento da formação dos contratos p pode ser considerado a principal diferença formal entre a CISG e as antigas convenções da Haia de 1964. Nestas, o tema era regulado de forma separada (apenas pela ULF) em relação às demais regras substanciais estabelecidas pela ULIS. Esta "união" dos dois temas em um único instrumento é considerada benéfica na medida em que evita repetições e sobreposições entre os dois intrumentos, bem como facilita o entendimento de seus dispositivos, visto que todos estão sujeitos aos mesmos princípios de interpretação.[38]

No entanto, vale notar que esta segunda parte da Convenção, assim como a terceira, pode ser afastada pelos Estados contratantes quando da sua ratificação, por meio do mecanismo de reserva previsto no artigo 92(1).[39]

Após o tratamento exaustivo sobre a formação do contrato, a terceira parte da CISG traz outras regras substanciais sobre o contrato de compra e venda, sendo dividida em cinco capítulos. O primeiro capítulo contém as disposições gerais sobre esta modalidade de contrato (artigos 25 a 29), dentre as quais se encontra a definição de violação essencial do contrato no artigo 25. Segundo este dispositivo, que é estudado adiante nesta obra, uma parte somente poderá resolver o contrato quando a violação pela outra trazer um grande prejuízo à parte ofendida que "*substancialmente a prive do resultado que poderia esperar do contrato*".

[38] P. Schelechtriem – I. Schwenzer, *Commentary* ..., 2010, p. 3.

[39] Artigo 92 (1): *Qualquer Estado Contratante pode declarar, no momento da assinatura, ratificação, aceitação, aprovação ou acessão, que não adotará a Parte II ou a Parte III da presente Convenção.*

Nos capítulos seguintes, têm-se as disposições referentes às obrigações das partes para o contrato, separadas em "obrigações do vendedor" (artigos 30 a 52) e "obrigações do comprador" (artigos 53 a 65). Nesta parte é interessante notar a maior extensão das obrigações aplicáveis ao vendedor, sendo vários artigos da Convenção ocupados por regras específicas sobre a determinação de conformidade de mercadorias e documentos relacionados, como forma de proteção ao comprador.[40] Afinal, é o vendedor quem garante as mercadorias, principal foco da Convenção.

Além de trazer regras sobre o comportamento das partes, cada um destes capítulos contém regras sobre inadimplemento das partes, bem como sobre os remédios disponíveis a cada uma delas.

A CISG ainda possui um capítulo (artigos 66-70) acerca do tratamento da transferência do risco de deterioração e perda de mercadorias no comércio internacional, o qual é condizente com os termos internacionais do comércio mais utilizados (ICC *Incoterms*).

Por fim, a terceira parte da CISG apresenta, no capítulo quinto, disposições comuns ao vendedor e ao comprador (artigos 71 a 88), compreendendo, principalmente, a responsabilidade das partes por perdas e danos e os efeitos da resolução do contrato. Dentre os dispositivos deste capítulo, chama-se atenção ao tratamento especial conferido ao dever de conservação das mercadorias pelas partes, notadamente o dever de mitigação de danos (artigos 77, 85 e 86), com a finalidade de sempre buscar a diminuição dos prejuízos, os quais, em matéria de comércio internacional, podem tomar proporções imensuráveis.

A quarta parte se diferencia do restante do texto da Convenção na medida em que contém disposições finais de direito internacional público, com detalhes acerca de seu processo de ratificação e reservas, as quais são direcionadas aos Estados contratantes e não às partes no contrato.

Por meio dessa brevíssima descrição é possível observar como a CISG busca atender à sua finalidade de uniformização de regras de direito material. Para tal, percebe-se que, apesar de ser a CISG bastante exaustiva sobre toda a vida do vínculo contratual, algumas de suas disposições normativas são marcadas pela flexibilidade, vagueza e abertura de interpretação, sendo por vezes encaradas como princípios norteadores da compra e venda internacional.

[40] Vide, por exemplo artigos 32(1) e 34 da CISG.

Esta característica facilita o processo de incorporação de suas regras nos diferentes ordenamentos e, como consequência, pode também ser considerada a razão para o sucesso de sua aceitação por Estados cujo nível econômico e social e a concepção da vida dos negócios divergem, por vezes, profundamente.[41]

Além disso, a sua natureza principiológica aproxima a CISG aos conhecidos "*statutes*" presentes nos sistemas de *common law*, sendo a apreciação pelos órgãos julgadores de conflitos (tribunais nacionais e arbitrais) e pelos doutrinadores de extrema importância para a interpretação da CISG e para a determinação do alcance de seus dispositivos. Como mencionado no capítulo anterior, essa vagueza de alguns conceitos trazidos pela Convenção foi também uma ferramenta utilizada para se chegar a um "compromisso" (*compromisse rule*) para conflitos de interesses e de tradições jurídicas inconciliáveis à época de sua elaboração.[42]

No entanto, não há dúvidas de que essa flexibilidade pode gerar conflitos na sua interpretação, sendo possível a sua aplicação de forma distinta em diferentes ordenamentos, o que vai de encontro ao seu objetivo uniformizador e pode gerar uma ideia de "fragilidade" da Convenção e insegurança jurídica aos operadores do comércio internacional. Por este motivo, a CISG também apresenta, por meio do artigo 7(1), os princípios de interpretação que devem servir de norte quando se está diante de um conflito: o seu caráter internacional, o objetivo de promover uniformidade e o respeito à boa-fé.[43]

2 Principíos de Interpretação

Antes, porém, da breve análise de cada um destes princípios, é válido esclarecer que a interpretação dos dispositivos da CISG não se submete unicamente aos critérios estabelecidos pela Convenção de Viena sobre Direito dos Tratados de 1969 ("CVDT").

[41] C. Witz, *A Internacionalidade e o Contrato*, *in* I. A. Vieira (org.), *Estudos de Direito Comparado e de Direito Internacional Privado*, Curitiba, Juruá, 2011, p. 421.

[42] P. Schelechtriem – I. Schwenzer, *Commentary* ..., 2010, p. 3.

[43] Artigo 7(1): *Na interpretação desta Convenção ter-se-ão em conta seu caráter internacional e a necessidade de promover a uniformidade de sua aplicação, bem como de assegurar o respeito à boa-fé no comércio internacional.*

Isso porque, a CVDT contém princípios gerais normalmente aplicáveis a tratados dirigidos a Estados, isto é, tratados que impõem obrigações e direitos aos Estados por estes abrangidos. A CISG, por ser um tratado de uniformização de direito material, contém regras aplicáveis às partes envolvidas em um contrato de compra e venda, as quais requerem um maior grau de certeza na sua interpretação[44], sendo que apenas a quarta parte da Convenção estabelece obrigações a serem respeitadas pelos Estados.

Desse modo, é a própria CISG que estabelece seus princípios de interpretação. Estes podem se diferenciar daqueles previstos pela CVDT que, embora plenamente aplicáveis quando da interpretação das disposições da quarta parte da Convenção, são subsidiários àqueles estabelecidos para as regras de cunho material.

Os princípios estabelecidos pelo artigo 7(1) também possuem um caráter mais geral, sendo essenciais para guiar os operadores do direito[45] e, principalmente, para não os afastar do principal objetivo da CISG quando do surgimento de conflitos, qual seja: servir como instrumento normativo uniformizador das regras aplicáveis à compra e venda internacional de mercadorias.

2.1 Caráter Internacional

No que tange o caráter internacional da Convenção, o artigo 7(1) estabelece que os conceitos apresentados pela CISG devem ser interpretados de maneira *autônoma* para o comércio internacional, de acordo com o sentido que seus elaboradores lhe desejaram conferir. Assim, os advogados, juízes, árbitros e demais operadores do direito não devem se basear nos conceitos de direito interno para interpretar os dispositivos da CISG, mas sim conferir a estes um significado autônomo baseado na estrutura e nas políticas subjacentes à Convenção.[46] Nos dizeres de P. Huber, deve ser conferido um "*CISG-meaning*" a seus termos.[47]

[44] P. Schelechtriem – I. Schwenzer, *Commentary* ..., 2010, p. 62.
[45] P. Huber, *Some Introductory* ..., p. 228.
[46] P. Huber, *Some Introductory* ..., p. 228; F. Ferrari, *The CISG* ..., p. 156; J. Lookofsky, *Understanding the CISG*, 3 ed., The Hague, Kluwer Law International, 2008, p. 30; I. A. Vieira, *L'applicabilité et l'impact de la Convention des Nations Unies sur les contrats de vente internationale de marchandises au Brésil*, Strasbourg, Presses Univ., 2010, p. 314; M. Bridge, *The International* ..., p. 57.
[47] P. Huber, *Some Introductory* ..., p. 228.

Nesse sentido, este princípio indica que, quando da interpretação da CISG, deve-se ter em conta a origem de suas regras. A Convenção surgiu após intensas negociações entre diversos Estados de diferentes sistemas legais com o objetivo de alcançarem um ideal que atendesse seus interesses particulares dentro de uma coletividade, e é este ideal que deve ser a base da interpretação de seus dispositivos.[48]

Por esta razão, os doutrinadores enfatizam a necessidade de se recorrer à história legislativa da CISG na hipótese de conflitos de interpretação, a qual é rica e reveladora no que diz respeito ao sentido que os elaboradores da Convenção desejaram conferir aos seus termos, podendo alguns destes ter sofrido modificações por diversas vezes até se chegar ao termo final mais adequado.[49] Nota-se, aqui, uma convergência em relação à CVDT, que também prevê o recurso subsidiário aos "trabalhos preparatórios" na interpretação dos tratados.[50]

Não obstante a importância da história legislativa, a interpretação de um dispositivo convencional pode ter se alterado ao longo dos anos e com o desenvolvimento do comércio internacional. Tendo a CISG sido elaborada há quase 40 anos, sua interpretação deve acompanhar a evolução das relações de compra e venda para garantir que não haja "envelhecimento" de seus dispositivos.

Este princípio também afasta tanto a interpretação literal dos termos da Convenção, quanto o recurso ao direito doméstico quando de sua interpretação, mesmo na hipótese de seus termos possuirem conceitos correspondentes nas regras internas. Isso porque, apesar da semelhança entre os dispositivos e do fato de a CISG se tornar direito interno do Estado após a sua ratificação, o tratamento conferido a estes por uma ou outra legislação pode se diferenciar substancialmente, o que viola o objetivo internacio-

[48] P. Schelechtriem – I. Schwenzer, *Commentary* ..., 2010, p. 61.

[49] J. O. Honnold, *Uniform Law* ..., p. 90; F. Ferrari, *The CISG* ..., p. 160; J. Lookofsky, *Understanding* ..., p. 32; V. M. Jacob de Fradera, *O Caráter Internacional da CISG, In* S.S. Venosa – R.V. Gagliardi – E. O. Terashima, *A Convenção de Viena sobre Contratos de Compra e Venda Internacional de Mercadorias, Desafios e Perspectivas*, São Paulo, Atlas, 2015, p. 212.

[50] Conforme artigo 32 da CVDT: *Pode-se recorrer a meios suplementares de interpretação, inclusive aos trabalhos preparatórios do tratado e às circunstâncias de sua conclusão, a fim de confirmar o sentido resultante da aplicação do artigo 31 ou de determinar o sentido quando a interpretação, de conformidade com o artigo 31: a) deixa o sentido ambíguo ou obscuro; ou b) conduz a um resultado que é manifestamente absurdo ou desarrazoado.*

nal de um instrumento uniformizador do direito.[51] A forte influência do direito nacional dificulta a plena aplicação deste princípio.

2.2 Uniformidade

Já o objetivo da promoção da uniformidade revela-se um princípio que impõe ainda mais dificuldade quando da aplicação da CISG. Este implica que os juristas e tribunais (arbitrais ou judiciais) dos 89 diferentes Estados contratantes apliquem a CISG de maneira uniforme, o que significaria dizer que estes devem levar em consideração as decisões de tribunais de outros países para, então, desenvolver uma interpretação comum da Convenção.[52]

Uma primeira dificuldade vislumbrada é a necessidade de os tribunais tomarem conhecimento do teor das decisões proferidas por outros tribunais acerca da Convenção. Diante deste problema, previsto desde logo pelos elaboradores da CISG, a Uncitral estabeleceu procedimentos para apuração e difusão de decisões concernentes à Convenção que tiveram início a partir de 1988.[53]

De acordo com estes procedimentos, cada Estado contratante é solicitado a nomear um correspondente nacional que deve obter e transmitir à Uncitral o inteiro teor e um resumo das decisões públicas proferidas internamente em que a CISG foi aplicada. Com base nestas informações, foi criado em 1993 o *Case Law on Uncitral Texts* (conhecido como "CLOUT"), uma base de dados de acesso público contendo a jurisprudência acerca da Convenção (assim como de outros instrumentos criados no âmbito da Uncitral) emanada nos Estados contratantes para que todos os demais Estados pudessem ter acesso e passar a aplicar a CISG de maneira uniforme.

[51] P. Schelechtriem – I. Schwenzer, *Commentary* ..., 2010, p. 62; J. O. Honnold, *Uniform Law* ..., p. 89; J. Lookofsky, *Understanding* ..., p. 31; V. M. Jacob de Fradera, *A contribuição*... p. 44.

[52] P. Schelechtriem – I. Schwenzer, *Commentary* ..., 2010, p 62; J. O. Honnold, *Uniform Law* ..., p. 95; N. Casado Filho, *Breve Introdução sobre a CISG e sua Aplicabilidade no Brasil, In* S.S. Venosa – R.V. Gagliardi – E. O. Terashima, *A Convenção de Viena sobre Contratos de Compra e Venda Internacional de Mercadorias, Desafios e Perspectivas*, São Paulo, Atlas, 2015, p. 15.

[53] P. Schelechtriem – I. Schwenzer, *Commentary* ..., 2010, p 62; J. O. Honnold, *Uniform Law* ..., p. 98; J. Lookofsky, *Understanding* ..., p. 34.

Outra importante contribuição do CLOUT é demonstrar o crescimento da utilização da CISG desde sua entrada em vigor, visto que sua base ultrapassa atualmente a casa dos mil e quatrocentos casos.[54] Esta iniciativa de se buscar a uniformidade de aplicação da CISG por meio da organização e difusão da jurisprudência internacional também ganhou força fora do âmbito da Uncitral, conforme se percebe pela criação de outras bases públicas de dados.

Não se pode deixar de citar o acervo da UNILEX[55], criada no âmbito do *Center for Comparative and Foreign Law*, localizado em Roma, bem como a volumosa base do *Institute of International Commercial Law* pertencente à *Pace Law School*, a qual, além de disponibilizar resumos e inteiro teor dos casos, dispõe de comentários aos casos e um amplo acervo bibliográfico sobre a CISG disponível de forma organizada na sequência de seus artigos.[56] Além disso, pode-se mencionar as iniciativas nacionais de organização de legislação, doutrina e jurisprudência referente à CISG, como é o caso, por exemplo, do portal da CISG-Brasil.[57]

No entanto, a mera existência de uma grande e crescente quantidade de casos interpretando a CISG pelos Estados contratantes não assegura, por si só, a aplicação uniforme da Convenção, especialmente porque o artigo 7(1) não especifica (e nem poderia especificar) o grau de relevância a ser conferida à jurisprudência estrangeira pelos tribunais. Como resultado, é inevitável que haja uma grande quantidade de decisões conflitantes sobre um mesmo assunto, sendo tal discrepância observada notadamente entre decisões proferidas por tribunais de diferentes tradições jurídicas.[58]

Essa segunda dificuldade existe também por conta dos diferentes perfis dos *decision-makers* dos Estados contratantes, sendo alguns mais abertos e outros mais fechados no que tange a absorção da jurisprudência estrangeira. Aquele juiz que é hostil à uniformização irá preferir a aplicação de conceitos provenientes do direito interno, o que aumenta a divergência

[54] Dados disponíveis na página da Uncitral, em: http://www.uncitral.org/uncitral/en/case_law/abstracts.html.

[55] Disponível em: http://www.unilex.info/.

[56] Disponível em: http://www.cisg.law.pace.edu/. Esta base de dados pode ser considerada a mais completa acerca de um tratado internacional e foi, como esperado, de grande utilidade para o desenvolvimento da dissertação que deu origem à presente obra.

[57] Disponível em: http://www.cisg-brasil.net/; Outros exemplos: CISG-France (http://www.cisg.fr/); CISG-Austria (http://www.cisg.at) e CISG-online (http://www.cisg-online.ch).

[58] J. Lookofsky, *Understanding* ..., p. 35; F. Ferrari, *The CISG* ..., p. 159.

de entendimento, ao passo que aquele que é favorável ao entendimento uniforme tenderá a minimizar as divergências e levará em consideração as decisões estrangeiras.[59]

Por conta dessas dificuldades, alguns autores indicam que o ideal para se alcançar a uniformidade seria a existência de um órgão julgador supranacional suscetível de ser acionado pela via das questões prejudiciais, visto que a jurisprudência estrangeira nunca gozará de autoridade vinculativa aos tribunais nacionais.[60] No entanto, este não é o caso da CISG, já que a sua ratificação implica na sua integração ao direito interno dos Estados contratantes, devendo ser, portanto, interpretada e aplicada pelos órgãos jurisdicionais internos.

É importante mencionar também o papel desempenhado pela doutrina para a interpretação uniforme da CISG.[61] A opinião dos estudiosos da Convenção é uma ferramenta relevante para auxiliar os tomadores de decisões a interpretá-la e aplicá-la de maneira uniforme, principalmente pelo fato de muitos destes doutrinadores terem participado da sua elaboração no âmbito da Uncitral. A participação dos doutrinadores é importante não só para a análise dos dispositivos da CISG, mas também para a análise dos precedentes em que seus dispositivos são aplicados pelos diferentes tribunais locais.

A mesma importância também deve ser conferida aos pareceres consultivos emitidos pelo Conselho Consultivo da CISG (*CISG Advisory Council* – "CISG-AC"), que desempenham relevante tarefa de detalhar e trazer o alcance da aplicação de alguns dispositivos polêmicos da CISG, bem como de promover a sua interpretação uniforme. O Conselho é uma iniciativa privada, na medida em que seus representantes são estudiosos da Convenção e não representam qualquer país ou tradição jurídica.[62] Desse modo, o produto de seus estudos (os pareceres - *opinions*) tendem a possuir um

[59] C. Witz, *A Internacionalidade* ..., p. 428.

[60] P. Huber, *Some Introductory* ..., p 228; C. Witz, *A Internacionalidade* ..., p. 432.

[61] P. Huber, *Some Introductory* ..., p 228; A. Veneziano, *Uniform Interpretation: What is being Done? Unofficial Efforts and Their Impact, in* F. Ferrari (org), *The 1980 uniform sales law: old issues revisited in the light of recent experiences : Verona conference 2003*, München, Sellier European Law Publishers, 2003, p. 326; J. O. Honnold, *Uniform Law* ..., p. 97; M. Bridge, *The International* ..., p. 57.

[62] Para mais informações e acesso aos pareceres, vide: http://www.cisgac.com/ .

caráter imparcial da CISG, buscando sempre a aplicação dos princípios de interpretação preconizados por esta.

A despeito destas dificuldades, deve-se ter em conta que o direito do comércio internacional tem evoluído consideravelmente em favor da uniformização de suas regras nos últimos anos. Relatórios organizados por estudiosos da CISG apontam, inclusive, uma tendência cada vez maior de tribunais nacionais recorrerem a decisões estrangeiras quando da aplicação da CISG internamente.[63]

2.3 Respeito à Boa-fé

Por fim, deve-se ter em vista o respeito à boa-fé quando da interpretação da CISG. Em primeiro lugar, é interessante notar que, de acordo com a sua história legislativa, este dispositivo é fruto de um compromisso entre duas percepções diferentes.

Enquanto que algumas delegações apoiavam a inclusão do respeito à boa-fé de maneira substancial (aplicável à conduta das partes quando da conclusão e execução do contrato)[64], ou pelo menos no tratamento da formação do contrato, outras resistiam a esta inclusão tendo em vista a ausência de um significado preciso acerca da boa-fé, o que poderia causar certa insegurança jurídica.[65]

Assim, a decisão final entre os elaboradores da Convenção foi a de que o respeito à boa-fé não poderia, em princípio, ser imposto de maneira ampla como uma regra suprema à conduta dos operadores do comércio internacional. Optou-se, pelo menos no texto expresso da Convenção, que a bservância da boa-fé deveria permanecer como um princípio de interpretação

[63] Vide: F. Ferrari, *The CISG* ..., pp. 163-168; Em apoio a tendência, vide TJRS, AC nº 70072090608 (0419254-25.2016.8.21.7000), Rel. Des. Umberto Guaspari Sudbrack, j. 30/03/2017.

[64] Como aquelas de países de tradição *civil law*. Cita-se o exemplo alemão, inspirado na regra do §242 do BGB: *Der Schuldner ist verpflichtet, die Leistung so zu bewirken, wie Treu und Glauben mit Rücksicht auf die Verkehrssitte es erfordern.* Tradução livre: *O devedor deve entregar a prestação como exige a boa-fé, levando em consideração os usos e costumes.*

[65] J. O. Honnold, *Uniform Law* ..., p. 99; M. Bridge, *The International* ..., p. 59; V. M. Jacob de Fradera, *A Noção de Contrato na Convenção de Viena de 1980 sobre Venda Internacional de Mercadorias*, in C. Finkelstein – J. B. Vita – N. Casado Filho (coord.), *Arbitragem Internacional, UNIDROIT, CISG e Direito Brasileiro*, São Paulo, Quartier Latin, 2010, p. 368.

de suas disposições, e, portanto, ser aplicável apenas no processo de busca do significado do que é estabelecido por esta.[66]

Essa característica diferencia o tratamento conferido pela CISG ao princípio da boa-fé daquele previsto pelos ordenamentos internos que normalmente impõem o respeito à boa-fé de maneira expressa e substancial. Pode-se mencionar, por exemplo, o direito contratual brasileiro que, além de possuir regra semelhante à da CISG sobre a aplicação da boa-fé na interpretação dos negócios jurídicos[67], também consagra expressamente no artigo 422 do Código Civil Brasileiro o respeito à boa-fé pelas partes tanto na fase de formação do contrato quanto na sua execução.[68]

Mesmo sendo previsto apenas como parâmetro interpretativo da Convenção, o respeito à boa-fé não deixa de ser um conceito amplo e de difícil precisão de seu alcance. Neste momento, é necessário relembrar que, apesar de existir certo consenso entre os ordenamentos domésticos acerca do conceito de boa-fé, as diretrizes que derivam deste conceito devem levar em consideração o caráter internacional da Convenção e seu objetivo de promover a uniformidade. Como consequência, não é aconselhável o recurso ao direito interno para a sua determinação.[69]

Desse modo, os autores costumam afirmar que o conceito de boa-fé deve ser aplicado com base em princípios referentes à boa prática comercial internacionalmente considerada, sendo seu significado aproximado aos padrões de razoabilidade.[70] E, sendo a razoabilidade um conceito amplamente utilizado ao longo do texto convencional, mormente em sua parte substancial, é possível dizer que o respeito à boa-fé, na realidade,

[66] P. Huber, *Some Introductory* ..., p. 229; J. O. Honnold, *Uniform Law* ..., p. 99. J. Martins-Costa, *O Princípio da Boa-fé Objetiva: Notas entre as Perspectivas entre as Perspectivas da CISG e do Direito Brasileiro, In* S.S. Venosa – R.V. Gagliardi – E. O. Terashima, *A Convenção de Viena sobre Contratos de Compra e Venda Internacional de Mercadorias, Desafios e Perspectivas,* São Paulo, Atlas, 2015, p. 130.

[67] Vide artigo 113 do CCB: *Os negócios jurídicos devem ser interpretados conforme a boa-fé e os usos do lugar de sua celebração.*

[68] Artigo 422: *Os contratantes são obrigados a guardar, assim na conclusão do contrato, como em sua execução, os princípios de probidade e boa-fé.* Neste sentido: STJ, REsp. n. 758.518, Rel. Des. (convocado do TJRS) Vasco Della Giustina, j. 17/06/2010.

[69] P. Schelechtriem – I. Schwenzer, *Commentary* ..., 2010, p. 63; I. A. Vieira, *L' applicabilité* ..., p. 314.

[70] P. Schelechtriem – I. Schwenzer, *Commentary* ..., 2010, p. 63; J. Lookofsky, *Understanding* ..., p. 37; J. O. Honnold, *Uniform Law* ..., p. 228; Em sentido contrário, vide: V. M. Jacob de Fradera, *O Caráter*...p. 215.

apesar de não estar previsto expressamente, também é aplicável à formação e execução do contrato no âmbito da CISG.[71]

Como exemplo, podemos citar os artigos referentes à comunicação entre as partes para fins de conclusão do contrato. Os artigos 19(2) e 21(2)[72] requerem o dever de informar a outra parte acerca daquilo que possuem conhecimento com o fim de evitar equívocos, o que pode ser entendido como conduta ética, razoável e que atende à boa prática comercial.

A mesma conclusão pode ser retirada da análise da fase da execução do contrato, como no caso dos artigos 47 e 63[73] (o primeiro em relação ao comprador e o segundo ao vendedor) que proíbem as partes de recusar a execução tardia do contrato quando um prazo adicional para a execução foi concedido. Além disso, pode-se citar o artigo 77 que estabelece o dever de mitigação de danos pela parte que invocar o inadimplemento.[74] Estes exemplos demonstram que a CISG estabelece o respeito à boa-fé não só

[71] M. Bridge, *The International ...*, p. 59.

[72] Artigo 19(2): *Se, todavia, a resposta que pretender constituir aceitação contiver elementos complementares ou diferentes mas que não alterem substancialmente as condições da proposta, tal resposta constituirá aceitação, salvo se o proponente, sem demora injustificada, objetar verbalmente às diferenças ou envie uma comunicação a respeito delas. Não o fazendo, as condições do contrato serão as constantes da proposta, com as modificações contidas na aceitação.*

Artigo 21(2): *Se a carta ou outra comunicação escrita contendo aceitação tardia revelar ter sido expedida em condições tais que chegaria a tempo ao proponente caso a transmissão fosse regular, a manifestação tardia produzirá efeito de aceitação, salvo se o proponente, , sem demora, informar ao destinatário que considera expirada sua proposta, ou enviar comunicação para este efeito.*

[73] Artigo 47: (1) *O comprador poderá conceder ao vendedor prazo suplementar razoável para o cumprimento de suas obrigações;* (2) *Salvo se tiver recebido a comunicação do vendedor de que não cumprirá suas obrigações no prazo fixado conforme o parágrafo anterior, o comprador não poderá exercer qualquer ação por descumprimento do contrato, durante o prazo suplementar. Todavia, o comprador não perderá, por este fato, o direito de exigir indenização das perdas e danos decorrentes do atraso no cumprimento do contrato.*

Artigo 63: (1) *O vendedor poderá conceder prazo suplementar razoável para cumprimento das obrigações que incumbirem ao comprador;* (2) *O vendedor não pode, antes de vencido o prazo concedido conforme o parágrafo precedente, recorrer a qualquer ação por descumprimento do contrato, salvo se houver recebido comunicação do comprador de que não cumprirá suas obrigações neste prazo. Todavia, o vendedor não perderá, por isto, qualquer direito que possa ter de exigir perdas e danos pela mora no cumprimento pelo comprador.*

[74] Artigo 77: *A parte que invocar o inadimplemento do contrato deverá tomar as medidas que forem razoáveis, de acordo com as circunstâncias, para diminuir os prejuízos resultantes do descumprimento, incluídos os lucros cessantes. Caso não adote estas medidas, a outra parte poderá pedir redução na indenização das perdas e danos, no montante da perda que deveria ter sido mitigada.* Neste sentido, J. Martins-Costa, *O Princípio*...p. 136.

como princípio interpretativo de suas disposições, mas também como princípio de conduta aplicável às partes na formação e execução dos contratos, na medida em que exige um comportamento razoável.

Com estas considerações finais, encerra-se este capítulo acerca das principais características e conceitos que envolvem a CISG, os quais serão de extrema importância para a compreensão deste estudo comparativo. Passa-se ao último capítulo desta primeira parte introdutória que trata das regras de aplicação da Convenção.

Capítulo 3 - Aplicação da CISG

1 Aplicação da CISG no Plano Internacional

O âmbito de aplicação da CISG no plano internacional é definido em seu artigo 1, nos seguintes termos:

> (1) Esta Convenção aplica-se aos contratos de compra e venda de mercadorias entre partes que tenham seus estabelecimentos em Estados distintos:
> (a) quando tais Estados forem Estados Contratantes; ou
> (b) quando as regras de direito internacional privado levarem à aplicação da lei de um Estado Contratante.
> (2) Não será levado em consideração o fato de as partes terem seus estabelecimentos comerciais em Estados distintos, quando tal circunstância não resultar do contrato, das tratativas entre as partes ou de informações por elas prestadas antes ou no momento de conclusão do contrato.
> (3) Para a aplicação da presente Convenção não serão considerados a nacionalidade das partes nem o caráter civil ou comercial das partes ou do contrato.

O primeiro critério indicado pela CISG para a sua aplicação é o elemento da *internacionalidade*. Segundo o texto do artigo acima, esse elemento existe quando o contrato é celebrado por partes cujos estabelecimentos estejam localizados em países diferentes, sendo irrelevante a nacionalidade destas.[75]

Diferentemente de outros instrumentos de harmonização de regras internacionais (como os Princípios UNIDROIT relativos aos Contratos Comerciais Internacionais – "Princípios UNIDROIT", por exemplo), a CISG é um tratado internacional elaborado para integrar os ordenamentos jurídicos internos dos Estados contratantes. Devido à natureza de tratado internacional, apenas o elemento de conexão estrangeiro não é suficiente para que os países se submetam aos dispositivos da Convenção, havendo a necessidade de sua aceitação e ratificação nos termos dos artigos 91 a 98.[76]

Por ser a CISG aplicável sempre que os contratos sejam firmados entre partes estabelecidas em diferentes países que a tenham ratificado, chama-se a regra presente no artigo 1(1)(a) de *aplicabilidade direta* ou *autônoma* da Convenção, uma vez que não é necessário recorrer aos critérios de conexão previstos nas normas de direito internacional privado para que esta se aplique ao contrato.[77]

Esta regra tem o objetivo central de reduzir a incerteza jurídica que atormenta o comércio realizado entre partes sujeitas a ordenamentos jurídicos diferentes. O artigo 1(1)(a) alcança este objetivo na medida em que a aplicabilidade direta da CISG não se sujeita aos conflitos de leis internas,

[75] Unicitral Digest of case law on the United Nations Convention on the International Sale of Goods, 2004, art. 1, § 6.

[76] H. Flechtner, *The CISG's Impact on International Unification Efforts: The UnidroitPrinciples of International Commercial Contracts and the Principles of European Contract Law, in* F. Ferrari (org), *The 1980 Uniform Sales Law: old issues revisited in the light of recent experiences*, Verona Conference 2003, München, Sellier European Law Publishers, 2003, p. 169; Unicitral Digest of case law on the United Nations Convention on the International Sale of Goods, 2004, art. 1, § 12; P. Schelechtriem – P. Butler, *UN law on international sales, the UN Convention on the International Sale of Goods*, Berlin, Springer, 2009, pp. 12-13.

[77] I. Schwenzer – C. Fountoulakis, *International Sales Law*, London, Routledge-Cavendish, p. 2007, p. 23; F. Ferrari *in* F. Ferrari – H. Flechtner – R. Brand, *The Draft Unicitral Digest and Beyond: Cases, Analysis and Unresolved Issues in the U.N. Sales Convention*, München, Sellier, 2004, p. 32; J. Lookofsky, *Understanding ...*, p 25; J. F. Morrissey – J. M. Graves, *International Sales Law and Arbitration, Problems, Cases and Commentary*, The Hague, Kluwer Law International, 2008, p. 58; J. Lookofsky, *The 1980 United Nations Convention on Contracts for the International Sale of Goods, in* J. Herbots – R. Blanpain, *International Encyclopaedia of Laws - Contracts*, Suppl. 29 (December 2000), The Hague, Kluwer Law International, p. 33.

sendo este conflito substituído pela aplicação de uma única lei uniforme, a qual foi aceita pelos dois Estados das partes contratantes.[78]

Além disso, este dispositivo trouxe uma inovação em relação à antiga ULIS, que previa em seu artigo V[79] a possibilidade de o Estado contratante declarar que a convenção apenas se aplicaria quando as partes a escolhessem como lei aplicável. Essa necessidade de uma atitude positiva pelas partes para a sujeição ao sistema convencional, que não existe na CISG, pode ser uma das razões, por exemplo, para o fracasso da ULIS e, em certa medida, da sua ratificação por países que até hoje não aderiram à CISG, como é o caso do Reino Unido.[80]

Como comum entre os dispositivos da CISG, os critérios para se determinar a internacionalidade de um contrato podem ser considerados amplos e, ao mesmo tempo, restritivos. São amplos na medida em que consideram como internacional até mesmo uma venda que não envolva o transporte de mercadorias de um país ao outro, desde que as partes tenham seu estabelecimento em diferentes Estados contratantes.[81]

E, ao mesmo tempo, podem ser muito restritivos ao excluírem da esfera de aplicação da CISG uma venda que represente uma exportação e importação, mas na qual as partes estão estabelecidas num mesmo Estado contratante. [82]

A título de exemplo, tem-se o caso em que duas partes estão estabelecidas na França e concluem um contrato que envolve o transporte de mercadorias da China para a Espanha. Neste caso, a CISG não será aplicável. Se, todavia, uma parte que está estabelecida na China conclui um contrato de compra e venda com outra parte estabelecida na Espanha, este contrato será

[78] F. Ferrari, *International Sales of Goods, Applicability and Applications of the United Nations Conventions on Contracts for the International Sale of Goods*, Genève, Helbing & Lichtenhahn, 1999, p. 57; J. Honnold – H. Flechtner, *Uniform Law for International sales under the 1980 United Nations Convention*, The Hague, Kluwer Law International, 2009, p. 35.

[79] Artigo V: *Any State may, at the time of the deposit of its instrument of ratification of or accession to the present Convention declare, by a notification addressed to the Government of the Netherlands, that it Will apply the Uniform Law only to contracts in which the parties thereto have, by virtue of Article 4 of the Uniform Law, chosen that Law as the law of the contract.*

[80] M. Bridge, *The International ...*, p. 41.

[81] P. Volken, *The Vienna Convention: Scope, Interpretation and Gap-Filling in* P. Sarcevic – P. Volven, *International Sales of Goods, Dubrovnik Lectures*, New York, Oceana, 1986, p. 26.

[82] P. Volken, *The Vienna ...*, p. 26; P. Huber - A. Mullis, *The CISG, a new Textbook for students and practioners*, München, Sellier, 2007, p. 50.

considerado internacional para a aplicabilidade direta da CISG, mesmo que envolva o transporte de mercadorias entre Paris e Bordeaux.[83]

Apesar destas características, os elaboradores da Convenção consideraram que o local do estabelecimento das partes confere uma base mais sólida para se aplicar as regras uniformes de comércio internacional.[84] No entanto, a própria CISG não traz uma definição sobre o que seria o estabelecimento comercial, deixando à doutrina e à jurisprudência o trabalho de identificá-lo.

De maneira geral, costuma-se afirmar que o estabelecimento da parte é o local utilizado por esta para participar do comércio, devendo ser habitual, estável e independente.[85] Além disso, a parte deve possuir um poder autônomo neste local, tendo este de vincular necessariamente a parte ao Estado contratante da CISG. Desse modo, não pode ser considerado um estabelecimento comercial, nos termos da Convenção, um local temporário, utilizado somente para se realizar determinada transação comercial.[86]

Questionamentos também surgem quando uma parte possui mais de um estabelecimento. Qual destes deve ser considerado para que se aplique a regra do artigo 1º? A CISG traz uma resposta a esta pergunta em seu artigo 10, nos seguintes termos:

> Para os fins da presente Convenção:
>
> (a) quando uma parte tiver mais de um estabelecimento comercial, será considerado como tal aquele que tiver relação mais estreita com o contrato e com sua execução, tendo em vista as circunstâncias conhecidas pelas partes ou por elas consideradas antes ou no momento da conclusão do contrato;
>
> (b) se uma parte não tiver estabelecimento comercial, considerar-se-á sua residência habitual.

Diferentemente do que se esperava, a Convenção desconsidera a ideia de estabelecimento principal e determina a regra de que o estabelecimento a ser considerado é aquele que mais se relaciona ao contrato. Como

[83] China, Espanha e França são Estados contratantes da CISG. Exemplo retirado de: P. Huber - A. Mullis, *The CISG* ..., p. 50.

[84] J. Honnold – H. Flechtner, *Uniform Law* ..., p. 30.

[85] P. Schelechtriem – I. Schwenzer, *Commentary* ..., 2010, p. 37; F. Ferrari, *International* ..., p. 44.

[86] F. Ferrari, *International* ..., p. 45; J. Honnold – H. Flechtner, *Uniform Law* ..., p. 34; F. Ferrari *in* F. Ferrari – H. Flechtner – R. Brand, *The Draft* ..., p. 27.

consequência, contratos realizados entre empresas e suas subsidiárias (mesmo grupo econômico), por exemplo, poderão estar abrangidos pela CISG desde que estas possuam seus estabelecimentos relacionados a este contrato em diferentes países contratantes.[87]

O artigo acima também faz referência ao tempo em que o local do estabelecimento deve ser considerado, correspondente ao período anterior ou até a conclusão do contrato. Isso implica dizer que não importa para a aplicação da CISG se o local do estabelecimento muda após a conclusão do contrato. Se este era localizado em um Estado contratante diferente daquele onde se localizava a outra parte à época da conclusão do contrato, a CISG será aplicável.[88]

Já o artigo 1(1)(b) traz os critérios para a aplicação da Convenção com base nas regras de direito internacional privado. Para que esta seja aplicável, é necessário que ao menos uma das partes tenha seu estabelecimento situado em um Estado contratante e que, pelas regras de direito internacional privado, a lei aplicável ao contrato seja a lei do Estado contratante da CISG.

Na presença destes requisitos, a CISG vinculará inclusive as partes e os tribunais que não possuem esta Convenção como lei interna de seu país. Desse modo, os tribunais deverão aplicá-la como lei estrangeira, ou seja, como lei interna do país que governa o contrato firmado entre as partes.[89]

Alguns autores consideram que esta segunda regra de aplicação perdeu atualmente a sua importância devido ao grande e crescente número de Estados contratantes da Convenção. Neste sentido, apenas o artigo 1(1)(a) seria mesmo determinante no estudo da aplicação da CISG.[90]

Outros, porém, acreditam que, apesar da maior utilização da regra da aplicabilidade direta, os critérios presentes no artigo 1(1)(b) são também

[87] P. Schelechtriem – I. Schwenzer, *Commentary* ..., 2010, p. 38; F. Ferrari, *International* ..., p. 50; F. Ferrari *in* F. Ferrari – H. Flechtner – R. Brand, *The Draft* ..., p. 28; M. Torsello, *Common Features of Uniform Commercial Law Conventions, A Comparative Study Beyond the 1980 Uniform Sales Law*, München, Sellier, 2004, p. 15.

[88] F. Ferrari *in* F. Ferrari – H. Flechtner – R. Brand, *The Draft* ..., p. 30; F. Ferrari, *International* ..., p. 51.

[89] Unicitral Digest of case law on the United Nations Convention on the International Sale of Goods, 2004, art. 1, § 13; P. Schelechtriem – I. Schwenzer, *Commentary* ..., 2010, p. 40; J. Lookofsky, *Understanding* ..., p. 26.

[90] I. Schwenzer – C. Fountoulakis, *International* ..., p. 23; P. Schelechtriem – I. Schwenzer, *Commentary* ..., 2010, p. 40.

de extrema importância, já que estes aumentam ainda mais o âmbito de aplicação da CISG.[91]

Um exemplo da importância deste artigo é fazer a sua relação com os casos em que empresas estabelecidas no Brasil contratavam com empresas sediadas em países contratantes da CISG antes de 17 de outubro de 2014. Conforme já mencionado, o Brasil se tornou signatário da CISG apenas em 4 de março de 2013, tendo esta entrado em vigor no país após sua promulgação pelo Decreto 8327/2014.

Assim, durante todos estes anos desde a entrada em vigor da Convenção em 1988, esta se aplicava aos contratos em que uma das partes era estabelecida no Brasil e a outra parte era estabelecida em um Estado contratante da CISG, por força do artigo 1(1)(b). E, sendo o Brasil uma das principais economias mundiais, não se pode retirar a importância de tal dispositivo. Além do exemplo brasileiro, há de se considerar que outras economias relevantes ainda não ratificaram a CISG, entre elas o Reino Unido e a Índia.[92]

Este dispositivo encontrou várias objeções quando da elaboração da CISG, uma vez que algumas delegações consideravam que ele concedia muita superioridade à Convenção em detrimento das leis internas.[93] Por este motivo, o artigo 1(1)(b) apenas foi aceito mediante a previsão de um mecanismo reserva previsto no artigo 95:

> *Artigo 95:* Qualquer Estado poderá declarar, no momento do depósito de seu instrumento de ratificação, aceitação, aprovação ou acessão, que não adotará a disposição da alínea (b) do parágrafo (1) do artigo 1 da presente Convenção.

A partir do dispositivo acima, infere-se que ao fazer uso desta reserva, o Estado contratante tem preferência pela aplicação de leis internas. Logo, fala-se que o âmbito de aplicação da Convenção é ampliado pelo artigo

[91] F. Ferrari, *International* ..., p. 78; P. Volken, *The Vienna* ..., p. 29; Exemplo da aplicação do artigo 1(1)(b): Audiencia Provincial de Barcelona, Division 17, Espanha, 07 de Junho de 1999, Clout Case 320.

[92] Informação disponível em: http://www.uncitral.org/uncitral/en/uncitral_texts/sale_goods/1980CISG_status.html. Acesso em março de 2019.

[93] P. Schlechtriem, Requirements of Application and Sphere of Applicability of the CISG, Victoria University of Wellington Law Review, 2005/4, p. 782.

1(1)(b) e, ao mesmo tempo, limitado pela reserva que os Estados podem opor a este.[94-95]

Outro limite à aplicação da CISG é trazido pelo disposto no artigo 1(2), o qual impõe que a internacionalidade do contrato de compra e venda deve ser aparente às partes no momento da conclusão do contrato. Trata-se de um requisito subjetivo que, caso não esteja presente, a CISG não será aplicável.[96] Em outros termos, este parágrafo requer que as partes tenham consciência de que, no momento da conclusão do contrato, estão celebrando um contrato de compra e venda *internacional*.[97] A ignorância deste caráter levará à não aplicação da Convenção.[98]

Apesar de ser um requisito subjetivo, o parágrafo traz alguns critérios objetivos para se apurar o conhecimento das partes quanto à internacionalidade do contrato, quais sejam, a própria transação, as negociações realizadas entre as partes ou qualquer informação divulgada por cada uma delas.[99]

Por fim, no que tange o elemento da internacionalidade do contrato, vale dizer que o ônus de provar a aplicabilidade da CISG por meio destes critérios recai à parte que alega a sua aplicação. Do mesmo modo, recai sobre a parte que alega a sua não aplicação o ônus de provar a inaplicabilidade.[100] Trata-se de regra semelhante à prevista pelo direito brasileiro, visto recair ao autor o ônus de comprovar o fato constitutivo de seu direito.[101]

O último parágrafo do artigo 1 dispõe sobre a irrelevância da nacionalidade e da natureza das partes para a aplicação da CISG, isto é, se estas são civis ou comerciantes. Embora o contrato de compra e venda

94 P. Schelechtriem – P. Butler, *UN law* ..., p. 17.

95 O Brasil ratificou a CISG sem as reservas previstas no artigo 95 e 92(1).

96 P. Schelechtriem – I. Schwenzer, *Commentary* ..., 2010, p. 43; I. Schwenzer – C. Fountoulakis, *International* ..., p. 24.

97 P. Volken, *The Vienna* ..., p. 24; J. F. Morrissey – J. M. Graves, *International Sales* ..., p. 59; J. Lookofsky, *The 1980* ..., p. 34.

98 M. Bridge, The International ..., p. 512.

99 I. Schwenzer – C. Fountoulakis, *International* ..., p. 24; P. Schelechtriem – I. Schwenzer, *Commentary* ..., 2010, pp. 44-45.

100 P. Schelechtriem – I. Schwenzer, *Commentary* ..., 2010, p. 38; F. Ferrari, *International* ..., p. 55; P. Huber - A. Mullis, *The CISG* ..., p. 50; F. Ferrari *in* F. Ferrari – H. Flechtner – R. Brand, *The Draft* ..., pp. 31-32.

101 Vide artigo 373 do Código de Processo Civil Brasileiro: *O ônus da prova incumbe: I - ao autor, quanto ao fato constitutivo de seu direito; II - ao réu, quanto à existência de fato impeditivo, modificativo ou extintivo do direito do autor.*

internacional de mercadorias possua um caráter comercial, a falta de uniformidade nas leis internacionais sobre a diferença entre partes civis e comerciantes fez com que a Convenção se abstivesse de incluir apenas um deles no âmbito de sua aplicação, importando apenas o objeto da transação.[102]

Aliás, em alguns ordenamentos jurídicos não há esta diferenciação, o que tornaria imprudente qualquer exclusão feita pela CISG. Essa característica está de acordo, por exemplo, com o ordenamento jurídico brasileiro, uma vez que o CCB se aplica tanto a comerciantes quanto aos civis, ao passo que o Código Comercial Brasileiro[103] ficou restrito ao tratamento do comércio marítimo.

No entanto, pelo fato de a Convenção falar em "estabelecimento comercial" e excluir, no artigo 2(a)[104], os contratos de caráter pessoal de sua abrangência, é evidente que o foco da Convenção são os contratos firmados por partes comerciais.[105]

Os demais subitens do artigo 2, seguidos dos artigos 3, 4 e 5 compreendem as demais exclusões taxativas do âmbito de aplicação da CISG. Ficam de fora as vendas em hasta pública, em execução judicial, de valores mobiliários títulos de crédito e moeda, de navios, embarcações, aerobarcos e aeronaves, de eletricidade[106] e de serviços[107]. A Convenção também não traz regras sobre a validade dos contratos ou suas cláusulas, sobre os efeitos do contrato sobre a propriedade das mercadorias[108], bem como não se

[102] Unicitral Digest of case law on the United Nations Convention on the International Sale of Goods, 2004, art. 1, § 6; I. Schwenzer – C. Fountoulakis, *International ...*, p. 24; P. Schelechtriem – I. Schwenzer, *Commentary ...*, 2010, pp. 46-47; M. Torsellho, *Common Features ...*, p. 16.

[103] Lei nº 556 de 25 de Junho de 1850.

[104] Artigo 2: *Esta Convenção não se aplicará às vendas: (a) de mercadorias adquiridas para uso pessoal, familiar ou doméstico, salvo se o vendedor, antes ou no momento de conclusão do contrato, não souber, nem devesse saber, que as mercadorias são adquiridas para tal uso.*

[105] P. Schelechtriem – I. Schwenzer, *Commentary ...*, 2010, p. 47; J. Ziegel, *Report to the Uniform Law Conference of Canada on Contracts for International Sales of Goods*, Toronto, Galston & Smit, 1981, Article 1.

[106] Conforme artigo 2, itens (b), (c), (d), (e) e (f) da CISG.

[107] Conforme artigo 3(2): *Não se aplica esta Convenção a contratos em que a parcela preponderante das obrigações do fornecedor das mercadorias consistir no fornecimento de mão-de-obra ou de outros serviços.*

[108] Artigo 4: *Esta Convenção regula apenas a formação do contrato de compra e venda e os direitos e obrigações do vendedor e comprador dele emergentes. Salvo disposição expressa em contrário da presente Convenção, esta não diz respeito, especialmente: (a) à validade do contrato ou de qualquer das suas cláu-*

aplica à responsabilidade do vendedor por lesões ou morte causadas pelas mercadorias.[109]

Estes temas excluídos do escopo de aplicação da CISG devem ser regulados pelo direito nacional aplicável ou normas internacionais específicas. Em recente julgado brasileiro aplicando a CISG, ao decidir sobre a nulidade do contrato – tema excluído por força do artigo 4(a) –, o tribunal fundamentou sua decisão no Capítulo 3 dos Princípios UNIDROIT e não no CCB, entendendo que a CISG deve ser suprida por outras normas da "*nova lex mercatória*"[110]. Referido entendimento contruibui para garantir a uniformidade de interpretação da CISG, princípio analisado no capítulo anterior.

Após estes breves esclarecimentos sobre os requisitos de aplicação (e não aplicação) da CISG, cabe a este capítulo analisar um último critério. Trata-se do direito que as partes possuem, mesmo presentes todos os elementos do artigo 1 e não sendo uma das hipóteses indicadas acima, de excluir a aplicação da CISG ao contrato nos termos do artigo 6[111], caracterizando um sistema de aplicação *opting out*.

Sendo o acordo das partes capaz de afastar sua a aplicação, pode-se afirmar que a ausência deste acordo é também um dos requisitos de aplicação da CISG. Como consequência deste direito das partes, tem-se que as regras da CISG têm caráter dispositivo e que a autonomia da vontade das partes também seria um de seus princípios norteadores.[112]

sulas, bem como à validade de qualquer uso ou costume; (b) aos efeitos que o contrato possa ter sobre a propriedade das mercadorias vendidas.

[109] Artigo 5: *A presente Convenção não se aplica à responsabilidade do vendedor por morte ou lesões corporais causadas pelas mercadorias a qualquer pessoa.*

[110] TJRS, AC nº 70072090608 (0419254-25.2016.8.21.7000), Rel. Des. Umberto Guaspari Sudbrack, j. 30/03/2017: "*Ressalvo, todavia, que a tese defensiva atinente à* ***nulidade do contrato não se submete à Convenção de Viena de 1980****, já que essa estipula expressamente não disciplinar a "validade do contrato ou de suas cláusulas, bem como a validade dos usos e os efeitos que o contrato pode ter sobre a propriedade das mercadorias vendidas", na alínea "a" do seu art. 4°.* ***Esse aspecto do mérito será analisado com base tão somente no marco do Capítulo 3 dos Princípios Unidroit****, porque considero que, a fim de suprir as lacunas existentes no regramento da Convenção de Viena de 1980, o Juiz que a aplica deve reportar-se, primordial e preferencialmente,* ***não ao Direito interno, mas sim às demais normas da "nova lex mercatoria"*** *e de direito uniforme pertinentes aos litígios emergentes do comércio internacional*" (grifos não originais),

[111] Artigo 6: *As partes podem excluir a aplicação desta Convenção, derrogar qualquer de suas disposições ou modificar-lhes os efeitos, observando-se o disposto no Artigo 12.*

[112] F. Ferrari *in* F. Ferrari – H. Flechtner – R. Brand, *The Draft*..., p 115; A. T. Basilio, *Aplicação e Interpretação da Convenção de Viena sob a Perspectiva do Direito Brasileiro*, in Revista de Arbitragem

De qualquer modo, é necessário que as partes exerçam o *opting out* de forma expressa, isto é, devem concordar de forma inequívoca que o contrato não seja governado pelas regras da CISG, mas sim por outra lei.[113] No entanto, existe na doutrina um debate sobre se a mera escolha da aplicação da lei interna de um Estado contratante seria suficiente para que se exclua a aplicação da Convenção.

Para K. H. Neumayer e C. Ming, a referência à lei interna de um Estado é suficiente para excluir a aplicação da CISG, uma vez que se deve interpretar a vontade das partes. As partes em um contrato internacional tendem a conhecer bem a regra da aplicação direta da CISG e, se fizeram referência expressa à lei interna, é porque desejam que a esta seja aplicada, e não a Convenção. Do contrário, bastaria às partes não fazer referência alguma e a CISG iria se aplicar autonomamente.[114]

A maioria dos doutrinadores, todavia, afirma que, sendo a CISG parte do direito interno dos Estados contratantes, a mera referência à lei doméstica de um destes Estados implica dizer que a CISG será, por consequência, aplicável ao contrato.[115]

Neste sentido, a exclusão da aplicação da CISG deve ser clara e trazer fortes evidências sobre a intenção das partes. Por exemplo, as partes devem indicar "*a este contrato será aplicado o Swedish Sale of Goods Act of 1990*" ou "*a CISG não se aplica ao presente contrato*", pois, caso apenas digam "as leis da Suécia", a CISG seria aplicável por integrar a lei sueca.

Soma-se a este entendimento a rejeição da proposta de se incluir a palavra "implícita" da redação final do artigo 6 da CISG, demonstrando que a intenção de seus elaboradores era pela indicação expressa pelas partes e sem trazer ambiguidades.[116]

e Mediação, ano 10, vol. 37, São Paulo, Revistas dos Tribunais, 2013, p. 42.; I. A. Vieira, *in* F. Ferrari (org), *The CISG* ..., p. 11.

[113] P. Ostendorf, *International Sales Terms*, München, Beck, 2010, p. 8.

[114] K. H. Neumayer - C. Ming, *Convention de Vienne sur les contrats de vente internationale de marchandises, Commentaire*, 1ª ed., Lausanne, Cedidac, 1993, pp. 87-88; No mesmo sentido, vide: M. Bridge, *The International* ..., pp. 513 e 537.

[115] M. J. Bonell – F. Liguori, The U.N. Convention on the International Sale of Goods: A Critical Analysis of Current International Case Law - 1997 (Part 1), *Revue de droit uniforme/ Uniform Law Review*, 1997, p. 391; P. Schelechtriem – P. Butler, UN law ..., pp. 16-17; J. Lookofsky, Understanding ..., p. 27.

[116] P. Schelechtriem – P. Butler, *UN law* ..., p. 19. C. M. Bianca – M. J. Bonell, *Commentary* ..., p. 51. Redação proposta pela delegação do Reino Unido para o artigo 6º: *The parties may expressly*

A jurisprudência, por sua vez, tanto estatal quanto arbitral, também tem se posicionado de forma a exigir uma indicação clara da exclusão da Convenção para que esta não se aplique ao contrato.[117] Como exemplo, tem-se o caso administrado pela Câmara de Comércio Internacional ("CCI"), no qual as partes tinham acordado na aplicação das leis da Suíça. Este tribunal considerou a CISG aplicável ao contrato, já que fazia parte do ordenamento jurídico suíço.[118]

Este entendimento parece também ter sido recepcionado no Brasil. Antes mesmo da entrada em vigor da CISG, o Superior Tribunal de Justiça já havia se manifestado no sentido de que a opção das partes pela aplicação do direito material de um país signatário da CISG não poderia excluir a aplicação desta, uma vez que a Convenção possui o mesmo status de lei interna do país.[119]

Diante desta análise, pode-se concluir que a ausência de uma exclusão expressa da CISG é somada aos demais requisitos de sua aplicação na ordem jurídica internacional.

Mesmo não sendo aplicável nos termos do artigo 1, é conhecida também a aplicação da CISG como "regras ou princípios gerais" de direito internacional aplicáveis aos contratos internacionais, semelhante aos Princípios UNIDROIT. Como esta obra se refere à aplicação da CISG no Brasil, cabe citar o acórdão recente proferido pelo Tribunal de Justiça do Rio Grande do Sul, que, ao julgar a ocorrência de inadimplemento em um contrato de compra e venda internacional, aplicou a CISG apenas como "*referencial*

or impliedly exclude the application of this Convention.

[117] ICC Court of Arbitration, nº 11333, Paris, 01 de Janeiro de 2002, Cisg-online case 1420; Suprema Corte Alemã, Divisão Civil, Alemanha, Bundesgerichtshof, VIII. Zivilsenat, VIII ZR 259/97, 25 de Novembro de 1998, Cisg-online case: 353; Tribunal Federal Distrital de Michigan, Estados Unidos da América, Federal District Court Michigan, nº 06-14553, de 28 de Setembro de 2007, Clout Case 845.

[118] ICC Court of Arbitration, nº 7656/1994 in ICC International Court of Arbitration Bulletin, 1995.

[119] STJ, SEC n. 3.035 EX (2008/0044435-0), SP, Rel. Min. Fernando Gonçalves, DJ de 31/08/2009, em especial o voto-vista proferido pela Min. Nancy Andrighi que, apesar de não adentrar o mérito da disputa, ponderou: "*Ao menos em princípio, analisando a questão à luz do direito brasileiro, é cediço que um tratado ou uma convenção, ao serem recepcionados por um país contratante, passam a ter o mesmo status de lei interna desse país. Não há motivos para pensar que seria diferente na Suíça e mais que isso: não há por que imiscuir-se na sentença arbitral, quanto ao tema*".

jurídico aplicável ao deslinde do mérito", uma vez que o contrato foi celebrado antes de sua entrada em vigor[120].

2 Aplicação da CISG no Direito Brasileiro

Após o estudo realizado neste capítulo sobre os elementos de aplicação da CISG, cabe a este tópico tratar brevemente da sua aplicação no ordenamento jurídico brasileiro, por ser o objeto desta obra a análise dos impactos da Convenção aos institutos do direito contratual brasileiro, buscando sempre demonstrar a possibilidade de sua complementação.

Conforme mencionado na introdução, a CISG entrou em vigor no Brasil em 1 de abril de 2014 no plano externo e em 17 de outubro do mesmo ano no plano interno. Desde 1988, a aplicação da CISG aos contratos internacionais firmados por partes estabelecidas no Brasil se dava por meio de seu artigo 1(1)(b), ou seja, por meio do recurso às regras de direito de internacional privado. Fazia-se referência, portanto, à regra do artigo 9 da Lei nº 4.657\42 (Lei de Introdução às Normas do Direito Brasileiro – "LINDB"), pela qual a lei aplicável ao contrato é aquela do país em que este foi constituído[121].

No entanto, com a vigência da CISG a partir do final de 2014, esta se torna parte do ordenamento jurídico pátrio e seus dispositivos possuem aplicabilidade direta com base em seu artigo 1(1)(a), o que significa dizer que não é mais necessário recorrer à LINDB para que estas sejam aplicadas ao contrato quando este for internacional nos termos da CISG.[122]Além disso, o âmbito de aplicação da CISG será ampliado na medida em que a própria LINDB determina sua aplicação obrigatória quando o contrato for concluído no Brasil, mesmo que a outra parte não seja estabelecida em um Estado contratante da Convenção.

[120] TJRS, AC nº 70072362940 (0000409-73.2017.8.21.7000), Rel. Des. Umberto Guaspari Sudbrack, j. 14/02/2017: "*Logo, partindo-se de tal premissa, resultaria aqui em princípio inaplicável a Convenção de Viena de 1980, pois o contrato foi celebrado em 01/07/2014 (fl. 22) e o seu descumprimento caracterizou-se nos meses subsequentes, conforme narrado na exordial, i.e., antes da vigência da Convenção no plano interno. De qualquer sorte,* ***não há qualquer impedimento ao uso do tratado como referencial jurídico aplicável ao deslinde do mérito****, porque, independentemente do marco inicial da sua eficácia interna em termos estritamente positivistas*" (grifos não originais).

[121] Artigo 9º: *Para qualificar e reger as obrigações, aplicar-se-á a lei do país em que se constituírem.*

[122] I. Schwenzer – C. Fountoulakis, *International ...*, p. 23; F. Ferrari *in* F. Ferrari – H. Flechtner – R. Brand, *The Draft ...*, p. 32; J. Lookofsky, *Understanding ...*, p. 25.

É possível identificar desde já uma incompatibilidade formal entre a CISG e o ordenamento jurídico brasileiro. Isso porque, como analisado acima, o artigo 6 da CISG estipula que as partes poderão excluir a sua aplicação, trazendo em seu bojo a autonomia da vontade das partes em contratar. Tal dispositivo vai de encontro ao que se interpreta da regra do artigo 9 da LINDB, que é norma cogente no sentido da determinação da lei aplicável. Ou seja, diante de um caso em que o contrato é constituído no Brasil, a CISG seria necessariamente aplicável, mesmo que as partes desejem a sua exclusão.

As discussões acerca do princípio da autonomia da vontade das partes quanto à lei aplicável são amplas e de longa data no direito brasileiro. Principalmente tendo em vista o retrocesso implementado pela LINDB em relação ao antigo Código Civil Brasileiro de 1916 (Lei 3.071/16), o qual garantia às partes, por meio do artigo 13 de sua introdução, a faculdade de estipular outra lei que não fosse aquela do local de sua constituição.[123]

Por este motivo, não cabe ao presente estudo trazer os detalhes destas discussões, mas apenas o seu posicionamento favorável à aceitação do princípio da autonomia da vontade das partes pelo ordenamento jurídico brasileiro, restringindo, portanto, a incompatibilidade formal existente. Este posicionamento possui duas razões.

Primeiramente, tem-se que a LINDB, a despeito de trazer o critério objetivo da *lex loci celebrationis*, não possui qualquer referência a critérios subjetivos de conexão e tampouco traz qualquer restrição à subjetividade, claro, com exceção dos limites apresentados pela ordem pública, pelas normas imperativas de direito e pelos bons costumes.[124] Desse modo, nada impediria as partes de poderem optar pela não aplicação da CISG ou de alguns dispositivos desta, tratando-se de um critério subjetivo em conjugação com aquele de caráter objetivo estabelecido pelo artigo 9 da LINDB.

Em segundo lugar, esse posicionamento também se baseia na existência de uma tendência legislativa de aceitação do princípio da autonomia

[123] Artigo 13: *Regulará, **salvo estipulação em contrário**, quanto á substância e aos efeitos das obrigações, a lei do lugar, onde forem contraídas.*(grifo não original)

[124] I. A. Vieira, *Plaidoyer por uma aplicação da Convenção de Viena de 1980 relativa à compra e venda internacional de mercadorias no Brasil, in* I. A. Vieira (org.), *Estudos de Direito Comparado e de Direito Internacional Privado*, Curitiba, Juruá, 2011, p.446; B. W. Rechsteiner, *Direito Internacional* ..., p. 161.

da vontade, que pode ser facilmente visualizado por meio da inclusão deste princípio em leis mais recentes, como é o caso da Lei Brasileira de Arbitragem (Lei 9.307/96) e do CCB.[125] Além disso, faz-se referência também à assinatura pelo Brasil de tratados internacionais que possuem a autonomia da vontade das partes como princípio, como é o caso da própria CISG e da Convenção Interamericana sobre Direito Aplicável aos Tratados Internacionais de 1994[126].

Desse modo, o referido conflito formal é apenas aparente, tendo sido amplamente discutido e resolvido de acordo com as recentes tendências legislativas.

E, no que tange especialmente o caso da CISG, essa incompatibilidade deve ser ainda mais relativizada em vista do enorme avanço que a Convenção traz ao direito contratual brasileiro, não apenas no que tange a solução de conflitos de lei aplicável, como também pela maior especialidade desta Convenção ao lidar com a complexidade que normalmente se apresenta aos contratos internacionais de compra e venda, antes regulamentados pelas regras por vezes insuficientes do CCB. São estes avanços que se pretende demonstrar nos próximos capítulos deste livro.

[125] Lei 9.307/06: Artigo 2º: *A arbitragem poderá ser de direito ou de eqüidade, a critério das partes. §1º Poderão as partes escolher, livremente, as regras de direito que serão aplicadas na arbitragem, desde que não haja violação aos bons costumes e à ordem pública; § 2º Poderão, também, as partes convencionar que a arbitragem se realize com base nos princípios gerais de direito, nos usos e costumes e nas regras internacionais de comércio.*

CCB: Artigo 421: *A liberdade de contratar será exercida em razão e nos limites da função social do contrato.*

[126] Convenção do México de 1994: Artigo 7: *O contrato rege-se pelo direito escolhido pelas partes. O acordo das partes sobre esta escolha deve ser expresso ou, em caso de inexistência de acordo expresso, depreender-se de forma e*Vidente *da conduta das partes e das cláusulas contratuais, consideradas em seu conjunto. Essa escolha poderá referir-se à totalidade do contrato ou a uma parte do mesmo. A eleição de determinado foro pelas partes não implica necessariamente a escolha do direito aplicável.*

Parte II: A CISG e o Direito Contratual Brasileiro

Após a apresentação feita na primeira parte acerca do histórico, características, princípios interpretativos e âmbito de aplicação da CISG, passa-se à parte principal desta obra, cujo objetivo é a análise dos impactos trazidos pelos novos dispositivos da Convenção ao ordenamento jurídico brasileiro.

Esta análise terá por base um estudo comparado entre os dispositivos do sistema convencional, aplicável somente a contratos internacionais, e os dispositivos presentes no CCB, principal fonte de direito contratual interno.

Quando se fala em "impactos" dos dispositivos da CISG, pensa-se logo em "problemas", "dificuldades" e, em boa medida, "contradições" entre os dois sistemas, podendo a CISG ser entendida como mais uma fonte de regras a causar obscuridades e conflitos para a compreensão dos temas mais delicados sobre os contratos de compra e venda.

Confessa-se que antes do estudo do "direito" trazido pela CISG, também se pensava que a entrada em vigor da Convenção, por ter forte influência do *common law*, poderia trazer mais dúvidas do que certezas acerca das regras a serem aplicadas ao caso concreto, quando comparada ao direito brasileiro. Esse receio ocorre, em especial, quando existem regras aparentemente conflituosas aplicáveis à mesma situação de fato.

Em razão deste tradicional medo que se tem daquilo que é "novo", há quem afirme que a CISG, a despeito de sua ampla abrangência decorrente da maciça ratificação, é pouco aplicada na prática. Na dúvida sobre se a Convenção será melhor ou pior em relação ao direito nacional, optam as partes por excluir sua aplicação com base em seu artigo 6 (*opting out*), por meio de decisão reduzida a termo nos contratos internacionais de compra e venda celebrados.[127]

No caso brasileiro, esse receio também tem como causa a desconsideração dos dispositivos da CISG para a elaboração do novo CCB em 2002, ainda que alguns conceitos preconizados por ela já tivessem sido aplicados pela jurisprudência brasileira desde a vigência do anteror Código Civil de 1916[128]. Como visto no Capítulo 3 da Parte I, a CISG entrou e vigor internacionalmente em 1988, tendo sido a base para a reforma de codificações de direito contratual de diversos países.[129]

Cumpre a esta obra contribuir, ao final das análises individualizadas de temas mais intrigantes, para a desmistificação da ideia de que existem conflitos inconciliáveis entre a CISG e o direito brasileiro aplicáveis aos contratos de compra e venda, não havendo razão para que as partes temam a sua aplicação.

[127] P. Schlechtriem, *Of words and issues – finding a common language for common issues*, in Review of the Convention on Contracts for the International Sales of Goods (CISG), Pace International Law Review, Sellier, 2003-2004, p. 82; Vide o exemplo norte americano em J. E. Bailey, *Facing the Truth: Seeing the Convention on Contracts for the International Sale of Goods as an Obstacle to a Uniform Law of International Sales, in* 32 Cornell International Law Journal (1999), p. 280, disponível em: http://www.cisg.law.pace.edu/cisg/biblio/bailey.html; e a experiência canadense em J. P. McEvoy *in* F. Ferrari (org), *The CISG and its Impact on National Legal Systems*, Munich, Sellier, 2008, p. 34; No mesmo sentido, L. Spagnolo, *Green Eggs and Ham: The CISG, Path Dependence, and the behavioural Economics of Lawyers' choices of Law in International Sales Contracts*, in, Journal of Private International Law, vol. 6, Nº 2, 2010, pp. 417, 419-420.

[128] Vide, por exemplo, o julgado do Superior Tribunal de Justiça de 2000, cuja fundamentação se baseou, dentre outras questões, no dever de mitigação de danos previsto expressamente pela CISG (artigo 77), mas que ainda não havia sido positivado pelo CCB (vide Capítulo 3 desta Parte II). STJ, Resp. n. 256.274, SP, Rel. Min. Ruy Rosado do Aguiar Junior, DJ de 18/12/2000.

[129] Cita-se, por exemplo, a reforma do direito contratual alemão (*Schuldrechtsreform*) de 2002, que sofreu grande influência da CISG (U. Magnus, *in* F. Ferrari (org.), *The CISG and its Impact on National Legal Systems*, Munich, Sellier, 2008, pp. 159-160; R. Herber, *The German Experience*, *in* F. Ferrari (ed.), *The 1980 Uniform Sales Law: old issues revisited in the light of recent experiences*, Verona Conference 2003, München, Sellier European Law Publishers, 2003, p. 64); Também é digna de nota a influência da CISG para a elaboração de Diretiva Europeia sobre Direito do Consumidor – *European Directive 1999/44/EC* – de 25 de maio de 1999 (P. Schlechtriem, *Of words...*, p. 85; R. Herber, *The German Experience* - U. Magnus, *The CISG's impact on European Legislation, in* F. Ferrari (ed.), *The 1980 Uniform Sales Law: old issues revisited in the light of recent experiences*, Verona Conference 2003, München, Sellier European Law Publishers, 2003, pp. 65 e 131).

Como se verá adiante, apesar das possíveis contradições existentes no tratamento conferido pela CISG e pelo CCB a determinados temas, tais conflitos ou são apenas aparentes ou, ainda que de fato existam, podem ser conciliados através de interpretações flexíveis, baseadas em grande parte na utilização dos princípios interpretativos da CISG (internacionalidade, uniformidade e boa-fé) e de seu âmbito de aplicação, analisados na primeira parte deste estudo.

Extraem-se destes princípios e de seu âmbito de aplicação, outros parâmetros de interpretação da CISG que devem ser sempre levados em consideração quando da análise comparativa entre a Convenção e outros ordenamentos internos. Estes parâmetros fazem com que a CISG também funcione como uma ferramenta interpretativa e, em alguns casos, de complementação do direito contratual regido pelo CCB.

Do princípio da internacionalidade previsto no artigo 7(1) da CISG, em conjunto com o seu âmbito de aplicação (artigo 1), decorre o parâmetro da aplicação específica da CISG ao tratamento dos contratos internacionais de compra e venda, o qual se distingue do escopo do CCB.[130]

Assim como geralmente ocorre nas legislações domésticas dos países, o CCB estabelece *"regras mais genéricas de direito contratual, elaboradas para serem aplicáveis a qualquer contrato e que podem envolver diferentes partes, inclusive contratos de natureza não comercial"*[131]. Esta característica também está presente em outros instrumentos uniformizadores de direito contratual, como os Princípios UNIDROIT e os Princípios Europeus de Direito Contratual ("PEDC"), que se aplicam a contratos em geral.

Já a CISG tem seu âmbito de aplicação limitado a contratos de compra e venda internacionais. Estes contratos possuem características singulares e são firmados por partes com determinada expertise, a quem tais regras são especificamente endereçadas, como as grandes empresas exportadoras e importadoras de mercadorias que contam com a assistência de consultores jurídicos e financeiros especializados.[132]

Reitera-se também o caráter unificador da CISG – decorrente do princípio da promoção da uniformidade –, outra importante característica

[130] A. Do Amaral Júnior – U. Celli Júnior – L. E. Veronese, *A formação dos contratos após a CISG entrar em vigor no Brasil. Uma análise prática aos operadores do direito, in* I. Schwenzer – C. A. G. Pereira – L. Tripodi (coord.), *A CISG e o Brasil*, Curitiba, Marcial Pons, 2015, pp. 209-210.

[131] *Idem, ibidem...* p. 210.

[132] *Idem, ibidem...* p. 210.

que o intérprete deve conhecer quando da interpretação da CISG em comparação com o CCB. Como mencionado na Parte I desta, a CISG é uma das iniciativas mais bem sucedidas de uniformização do direito do comércio internacional e, para que a maciça ratificação fosse possível, os elaboradores da Convenção tiveram de levar em conta os diferentes sistemas jurídicos, econômicos e sociais existentes.

Sendo a CISG elaborada com o objetivo de poder ser aplicada de maneira uniforme pelos diferentes sistemas, a sua interpretação não deve causar contradições ao direito interno de cada Estado contratante. As regras vistas anteriormente do artigo 7 consideram este caráter uniforme e devem servir como parâmetro também aos intérpretes brasileiros quando do seu estudo comparado ao direito brasileiro.[133]

Outro parâmetro que, apesar de não ser extraído da CISG, não pode ser ignorado quando do estudo do conflito de leis é aquele estabelecido no artigo 2º da LINDB:

> Não se destinando à vigência temporária, a lei terá vigor até que outra a modifique ou revogue. § 1º A lei posterior revoga a anterior quando expressamente o declare, quando seja com ela incompatível ou quando regule inteiramente a matéria de que tratava a lei anterior. § 2º A lei nova, que estabeleça disposições gerais ou especiais a par das já existentes, não revoga nem modifica a lei anterior.

Ou seja, por ser a CISG mais recente e mais específica que o CCB no tratamento dos contratos internacionais de compra e venda, seus dispositivos prevalecem sobre os do CCB quando da análise de uma potencial contradição.

Outra importante característica a ser levada em consideração é caráter dispositivo das regras da CISG.[134] Como também visto na análise de seu âmbito de aplicação, as regras da Convenção podem ser afastadas pela vontade das partes, nos termos do artigo 6.[135] O mesmo pode ser afirmado

[133] A. Do Amaral Júnior – U. Celli Júnior – L. E. Veronese, *A formação...*, p.210.

[134] *Idem, ibidem*, p. 210.

[135] Nota-se que esta exclusão não se confunde com a reserva feita pelo Estado contratante por meio do artigo 92(1) da CISG. Como visto no Capítulo 2 da Parte I, o Estado pode adotar a CISG excluindo partes específicas da Convenção, como a Parte II ou III.

acerca de algumas regras presentes no CCB que não possuem natureza cogente, especialmente aquelas sobre o tema da formação dos contratos.[136]

Também sobre este tema, os próprios comentários oficiais da Uncitral à CISG enunciam que o cumprimento dos requisitos presentes na Parte II da Convenção não corresponde ao "*exclusive way to conclude an enforceable contract governed by the Sales Convention*".[137]

A aplicação destes parâmetros de interpretação aos temas a seguir demonstrará como a CISG se apresenta como importante fonte de interpretação e complementação das normas brasileiras relativas aos contratos de compra e venda internacionais e mesmo nacionais, trazendo ao ordenamento jurídico brasileiro regras sobre determinados institutos não previstos ou, ainda que previstos, passam a ter um tratamento mais específico e exaustivo com a CISG.

A função complementadora da CISG consiste na sua aplicação como *soft law* aos casos que escapam ao seu âmbito de aplicação limitado aos contratos internacionais de compra e venda. Para estes contratos específicos, entretanto, a CISG assume natureza vinculante de *hard law* e, como tal, substitui as regras do CCB em caso de conflito.

Dentre os temas mais comumente mencionados pelos autores brasileiros como sendo alvo de contradições ou mesmo de "novidades" trazidas pela CISG em relação ao CCB, esta segunda parte contempla o estudo da formação dos contratos (Capítulo 1) e o do inadimplemento contratual, neste compreendidos os estudos da resolução do contrato por inadimplemento (Capítulo 2) e da mitigação de danos (Capítulo 2).

Dois esclarecimentos são necessários acerca do recorte temático desta segunda parte. Primeiramente, não se pretende nos capítulos seguintes exaurir as discussões ou muito menos consolidar um entendimento final acerca destes três temas em relação à CISG. O objetivo do presente estudo é trazer o eventual conflito e, a partir do tratamento conferido ao tema por

[136] C. L. Marques *in* F. C. Pontes De Miranda, *Tratado de Direito Privado, Parte Especial. Direito das Obrigações. Negócios Jurídicos Bilaterais e Negócios Jurídicos Unilaterais. Pressupostos. Vícios de Direito. Vícios de Objeto. Evicção. Redibição. Espécies de negócios Jurídicos Bilaterais e Negócios Jurídicos Plurilaterais,* tomo XXXVIII, atualizado por C. L. Marques – B. Miragem, São Paulo, Revista dos Tribunais, 2012.p. 99.

[137] Unicitral Digest of case law on the United Nations Convention on the International Sale of Goods, 2004, art. 14, §5; A. Do Amaral Júnior – U. Celli Júnior – L. E. Veronese, *A formação...*, p. 211.

um e outro sistema, sugerir interpretações harmoniosas para a aplicação da CISG, sempre com o auxílio dos princípios de interpretação anteriormente estudados.

Além disso, esclarece-se que, por serem análises individualizadas, com foco nos pontos de atenção e de potencial conflito entre os sistemas nacional e convencional, não se espera dos capítulos seguintes o exaurimento sobre todos os aspectos envolvidos na discussão do tema da formação dos contratos, da resolução por inadimplemento e tampouco da mitigação de danos. Afinal, cada um destes assuntos poderia ser individualmente objeto de uma obra própria.

O objetivo deste livro é outro, qual seja, chegar ao foco do "problema" e definir somente as premissas necessárias à demonstração de que a CISG substitui e complementa harmoniosamente o direito contratual interno.

Capítulo 1 - A Formação do Contrato

1 Conceitos Essenciais

Conforme adiantado, o objetivo deste capítulo, assim como os demais, é o de analisar as principais contradições que se vislumbram sobre tema da formação dos contratos a partir do estudo regras do CCB e das novas regras em vigor após a promulgação da CISG. A partir da identificação destas contradições, busca-se sugerir interpretações conciliadoras a partir da aplicação dos princípios apresentados na primeira parte deste livro.

Desde logo, chama-se a atenção para a importância do presente estudo comparativo no campo da formação dos contratos, por ser o momento essencial da vida do contrato, do qual se extrai a base para o entendimento de discussões que possam surgir posteriormente no plano da execução ou da resolução contratual.[138]

Não por outro motivo, V. Roppo, considera a formação dos contratos, um dos temas mais nobres do direito dos contratos, visto ser "*un tema decisivo per cogliere l'essenza della figura, dunque un tema cruciale per qualsiasi teoria del contratto*".[139]

A formação do contrato também é relevante por influenciar diretamente diversas outras esferas: a escolha da lei aplicável, a competência dos tribunais em julgar eventual conflito referente àquele contrato, os riscos

[138] A. Do Amaral Júnior – U. Celli Júnior – L. E. Veronese, *A formação...*, p. 208.

[139] V. Roppo, *A partire dalla formazione: divagazione non molto ortodosse in tema di contratto*, in *Il contratto del duemila*, Torino, G. Giapichelli, 2011, p. 17.

assumidos entre as partes (determinados pela conjuntura existente quando da formação dos contratos) e, ainda, no início dos prazos, como o da prescrição.[140]

Em razão dessa importância, faz-se relevante a apresentação de alguns conceitos essenciais sobre a formação dos contratos, os quais são harmônicos entre os dois sistemas em análise.

Ambos os sistemas da CISG e do CCB não exigem qualquer formalidade para a conclusão do contrato de compra e venda. Sendo um contrato de natureza consensual, este é firmado pela conjugação de duas manifestações de vontade: a proposta ou oferta e a aceitação.[141] A doutrina as classifica como manifestações receptícias de vontade, isto é, manifestações dirigidas a pessoas diretamente interessadas e cujo conteúdo produz efeitos jurídicos assim que entra no campo contratual.[142]

Na linguagem figurativa de Serpa Lopes, enquanto a *oferta* se caracteriza pelo primeiro movimento de fecundação, a *aceitação* apresenta-se como segundo movimento de gestação que, ao se reunir à oferta, dá nascimento ao *contrato*.[143]

A proposta é a manifestação de vontade elaborada e emitida por aquele que deseja contratar (proponente ou policitante) de tal forma que a sua aceitação pelo destinatário (o oblato ou aceitante) é suficiente para a conclusão do contrato.[144] A proposta deve ser suficientemente completa e precisa, trazendo consigo uma manifestação inequívoca e decisiva da vontade de contratar pelo proponente, fazendo com que este fique a ela vinculado até a sua retratação ou revogação, a depender do momento de sua recepção ou conhecimento pelo oblato.[145]

140 D. Bessone de Oliveira, *Do Contrato. Teoria Geral*, 4ª ed., São Paulo, Saraiva, 1997, pp. 151-150.

141 A. Do Amaral Júnior – U. Celli Júnior – L. E. Veronese, *A formação...*, p. 208.

142 F. C. Pontes de Miranda, *Tratado de Direito Privado. Parte Geral. Bens.* Fatos Jurídicos, tomo II, atualizado por O. R. B. Sandoval, São Paulo, Revista dos Tribunais, 2012, p. 494; I. A. Vieira, *L' applicabilité ...*, p. 309; D. Bessone de Oliveira, *Do Contrato ...*, p. 116.

143 M. M. de Serpa Lopes, *Curso de Direito Civil. Fonte das Obrigações: Contratos,* vol. III, 3ª ed., Rio de Janeiro, Freitas Bastos, 1961, p. 81.

144 A. Do Amaral Júnior – U. Celli Júnior – L. E. Veronese, *A formação...*, p. 209.

145 O. Gomes, *Contratos*, 26ª ed., atualizada por A. J. De Azevedo – F. P. De Crescenzo Marino, Rio de Janeiro, Forense, 2009, p. 73; H. M. D.Verçosa, *Contratos Mercantis e a Teoria Geral dos Contratos. O Código Civil de 2002 e a Crise do Contrato*, São Paulo, Quartier Latin, 2010, pp. 256 e 304; B. Audit, *La vente internationale de merchandises: Convention des Nation Unies du 11 avril 1980*, Paris, L.G.D.J, 1990. p. 57.

Por ter este caráter vinculante, diz-se que a proposta exprime uma vontade definitiva do proponente, excluindo-se do seu conceito aquelas situações em que a comunicação seja acompanhada de cláusulas como "sem compromisso" ou "salvo confirmação". Estas representariam situações ainda duvidosas, sem um "conteúdo mínimo" para que se possa identificar se correspondem a uma proposta, pois o interesse de contratar não é apresentado de forma inequívoca e contundente.[146]

A natureza jurídica da proposta no direito brasileiro não é uma unanimidade na doutrina. Para alguns, trata-se de mero ato jurídico, na medida em que, sem a aceitação, não é capaz de produzir efeitos. Em outras palavras, a oferta apenas se destina à produção de efeitos jurídicos, mas não os produz por si só.[147] Já para a doutrina mais tradicional de Pontes de Miranda, a proposta é negócio jurídico unilateral, uma vez que possui o efeito de vinculação do proponente a seus termos até que cesse a possibilidade de aceitação ou até à conclusão do contrato.[148]

Esta discussão, apesar de parecer irrelevante para o estudo comparado do direito brasileiro e da CISG, mostra-se pertinente quando da análise feita sobre a revogabilidade da oferta, tema também objeto de aparentes contradições entre os dois sistemas normativos e que será tratado especificamente nas seções seguintes. Por ora, basta apenas confirmar a

[146] D. Bessone de Oliveira, *Do Contrato ...*, p. 122; C. P. Ubaldino Miranda, *Comentários ao Código Civil. Dos Contratos em Geral (arts. 421 a 480), in* A. J. De Azevedo (coord.), vol. 5, São Paulo, Saraiva, 2013, pp. 135-136; D. de A. Levy – R. Moreira, *Notas sobre a Formação de Contrato na Convenção de Viena sobre Compra e Venda de Mercadorias, In* S.S. Venosa – R.V. Gagliardi – E. O. Terashima, *A Convenção de Viena sobre Contratos de Compra e Venda Internacional de Mercadorias, Desafios e Perspectivas,* São Paulo, Atlas, 2015, p. 233.

[147] Neste sentido, D. Bessone de Oliveira, *Do Contrato ...*, p. 122, C. P. Ubaldino Miranda, *Comentários ...*, p. 132; O. Gomes, *Contratos ...*, p. 68.

[148] F. C. Pontes de Miranda, *Tratado de Direito Privado. Parte Especial. Direito das Obrigações. Negócios Jurídicos Bilaterais e Negócios Jurídicos Unilaterais. Pressupostos. Vícios de Direito. Vícios de Objeto. Evicção. Redibição. Espécies de negócios Jurídicos Bilaterais e Negócios Jurídicos Plurilaterais,* tomo XXXVIII, 3ª ed., São Paulo, Revista dos Tribunais, 1984, pp. 48. No mesmo sentido, a definição de negócio jurídico unilateral, pelo mesmo autor: "*Diz-se unilateral o negócio jurídico quando a manifestação de vontade de alguém entra no mundo jurídico e se faz negócio jurídico sem que precise ou venha precisar de qualquer manifestação de vontade de outrem para o completar.*", F. C. Pontes de Miranda, *Tratado de Direito Privado. Parte Especial. Direito das Obrigações: Negócios jurídicos unilaterais. Denúncia. Revogação. Reconhecimento. Promessas Unilaterais. Traspasso bancário. Promessa de recompensa. Concurso,* tomo XXXI, 3ª ed., São Paulo, Revista dos Tribunais, 1984, p. 5.

adoção pela classificação da proposta como negócio jurídico unilateral. Sendo uma declaração de vontade capaz de produzir efeitos jurídicos[149], esta encerra os requisitos essenciais para ser considerada como negócio jurídico, e não um mero ato jurídico.[150]

A aceitação, por sua vez, corresponde à manifestação do oblato em concluir o contrato nos termos e condições estabelecidos pelo proponente.[151] A aceitação pode, inclusive, apresentar alguns elementos novos à proposta, mas estes não devem alterá-la de maneira substancial, sob o risco de torná-la uma nova proposta.[152]

Ainda sobre a aceitação, faz-se necessária a ponderação acerca do silêncio do oblato em relação à proposta. A CISG é precisa em estabelecer que o silêncio não importa, por si só, em aceitação da proposta, nos termos do artigo 18(1).[153] Apesar de o CCB não possuir regra específica sobre o silêncio no âmbito da formação dos contratos, o artigo 111 traz a regra geral aplicável a todos os negócios jurídicos, qual seja, a de que o silêncio se qualifica pela lei, pelos usos e costumes ou pelas circunstâncias do caso[154]:

> Artigo 111. O silêncio importa anuência, quando as circunstâncias ou os usos o autorizarem, e não for necessária a declaração de vontade expressa.

Logo, na hipótese de as circunstâncias não permitirem que o silêncio implique em assunção de obrigações pelo oblato, este não importará em aceitação, o que aproxima a regra do direito brasileiro à prevista pela CISG.[155]

[149] A. J. De Azevedo, *Negócio Jurídico. Existência. Validade e Eficácia*, 4ª ed., São Paulo, Saraiva, 2008, pp. 17 e 24.

[150] M. M. de Serpa Lopes, *Curso de ...*, p. 86.

[151] A. Do Amaral Júnior – U. Celli Júnior – L. E. Veronese, *A formação...*, p. 209.

[152] Vide artigos 431 do CCB ("*A aceitação fora do prazo, com adições, restrições, ou modificações, importará nova proposta*") e 19 da CISG ("*A resposta que, embora pretendendo constituir aceitação da proposta, contiver aditamentos, limitações ou outras modificações, representará recusa da proposta, constituindo contraproposta*").

[153] Artigo 18(1): *Constituirá aceitação a declaração, ou outra conduta do destinatário, manifestando seu consentimento à proposta.* ***O silêncio ou a inércia deste, por si só, não importa aceitação.*** (grifo não original)

[154] Trata-se da regra do silêncio circunstanciado. M. M de Serpa Lopes, *O Silêncio como Manifestação de Vontade*, 3ªed., Rio de Janeiro, Freitas Bastos, 1961, p. 106.

[155] D. Bessone de Oliveira, *Do Contrato ...*, p. 119; J. X. Carvalho de Mendonça, *Tratado de Direito Comercial Brasileiro. Parte I - Das Obrigações em matéria comercial. Livro IV - Das Obrigações, dos*

O silêncio circunstanciado, muitas vezes, confunde-se com a *aceitação tácita*, sendo muito tênue a diferença entre os dois comportamentos.

A aceitação tácita é a manifestação de vontade que, não sendo expressa, pode ser inferida de atos ou fatos que não comportem outra explicação[156]. Trata-se de atitude concludente, ainda que não expressa, para a comunicação da vontade do agente.[157]

Já o silêncio é o comportamento totalmente omissivo, configurado pela abstenção completa, tanto de palavras, quanto de atos ou fatos[158]. Não há atitude concludente que implica em declaração, como na manifestação tácita. Apenas as circunstâncias podem interferir na interpretação da vontade do agente e valorar o silêncio, como parece ser o caso previsto pelo artigo 432 do CCB:

> Artigo 432. Se o negócio for daqueles em **que não seja costume a aceitação expressa**, ou o proponente a tiver dispensado, reputar-se-á concluído o contrato, não chegando a tempo a recusa. (grifo não original)

Neste caso, apenas a passagem do tempo razoável – o tempo para a manifestação da recusa – qualifica a total ausência de comportamento do oblato, importando em aceitação da oferta e conclusão do contrato. Verifica-se, portanto, que a regra prevista pelo artigo 18(1) da CISG se harmoniza com o tratamento conferido ao silêncio pelo direito contratual brasileiro.

A regulamentação referente à proposta e à aceitação no direito brasileiro está relacionada nos artigos 427 a 434 do CCB, ao passo que na CISG se encontra nos artigos 14 a 24.

Não cumpre a este capítulo a análise das chamadas "negociações preliminares", que se distinguem da fase pré-contratual da "proposta e aceitação", por serem tão somente trocas de informações, discussões ou sondagens sem força vinculante, pois não há ainda o interesse das partes

Contratos e da Prescrição em Matéria Comercial, vol. VI, Rio de Janeiro, Freitas Bastos, 1955, p. 472; M. M de Serpa Lopes, *O Silêncio* ..., p. 114.

156 O. Gomes, *Contratos* ..., p. 76; D. Bessone de Oliveira, *Do Contrato* ..., p. 117.

157 M. M de Serpa Lopes, *O Silêncio* ..., p. 112.

158 P. Mota Pinto, *Declaração Tácita e Comportamento Concludente no Negócio Jurídico*, Coimbra, Almedina, 1995, p. 631; D. Bessone de Oliveira, *Do Contrato* ..., p. 119.

em se vincular ao objeto da negociação.[159] Esta fase preliminar nem mesmo é tratada no âmbito da CISG e, dado o escopo desta obra ser voltado a eventuais contradições a serem conciliadas entre esta e o CCB, o estudo das características e efeitos desta fase a ela não contribui.

Nas seções seguintes são analisadas de forma específica cada uma das aparentes contradições normalmente mencionadas pelos autores brasileiros sobre o tema da formação dos contratos, para as quais se sugere uma interpretação conciliadora pautada nos princípios interpretativos estudados anteriormente: o momento da conclusão do contrato e as regras de comunicação entre as partes (Item II); a oferta dirigida ao público (Item III); e o tema da revogabilidade da oferta (Item IV).

Em cada item, apresentam-se as regras aplicáveis a cada assunto tanto pelo direito brasileiro quanto pela CISG, identificando suas eventuais contradições. A partir desta identificação, são analisadas as possibilidades de solução de tais incompatibilidades, tendo sempre em vista a função interpretativa e complementadora da CISG.

2 Teorias de Comunicação para a Conclusão do Contrato

Ao serem comparados os dispositivos da CISG e do CCB no tocante à adoção de teorias relativas à efetividade das comunicações entre partes ausentes (*ex intervallo temporis*), é vislumbrada uma contradição expressa, já que os dois sistemas disciplinam de maneira diferente o momento em que a proposta e a aceitação se tornam válidas e eficazes. O estudo desta contradição, bem como a tentativa de sua conciliação, mostra-se relevante na medida em que tal diferença "*tem como consequência a mudança do 'momento da conclusão do contrato' quando disciplinado por uma ou por outra teoria*".[160]

Como anunciado no item anterior, decorrem da conclusão do contrato efeitos muito importantes no tocante à sua execução, como, por exemplo, o tema da conformidade das mercadorias.[161] O artigo 35 da CISG se refere ao momento da conclusão do contrato como parâmetro para a informação

[159] C. M. Da Silva Pereira, *Instituições de Direito Civil. Contratos. Declaração Unilateral de Vontade. Responsabilidade Civil*, vol. III, 19ª ed., atualizada por C. Mulholland, Rio de Janeiro, Forense, 2015, p. 34.; D. Bessone de Oliveira, *Do Contrato* ..., p.122.; J. X. Carvalho de Mendonça, *Tratado* ..., p. 456; A. Do Amaral Júnior – U. Celli Júnior – L. E. Veronese, *A formação...*, p. 209.

[160] A. Do Amaral Júnior – U. Celli Júnior – L. E. Veronese, *A formação...*, p. 212.

[161] *Idem, ibidem.*

pelo comprador sobre o uso específico das mercadorias a serem compradas.[162] O momento da conclusão do contrato também é extremamente relevante para diversos outros andamentos da execução contratual, uma vez que é neste momento que as partes definem suas características essenciais e, consequentemente, a mudança deste parâmetro pode causar conflitos.[163]

O Professor H. M. D. Verçosa indica didaticamente todos os passos que se seguem a partir do instante que alguém (o proponente) deseja se obrigar contratualmente: (i) manifestação ou expedição da proposta; (ii) chegada ao endereço do destinatário (oblato); (iii) conhecimento pelo oblato; (iv) aceitação; (v) envio da aceitação; (vi) recebimento da aceitação; e (vii) conhecimento do teor da aceitação pelo proponente. Assim, as diversas teorias sobre o momento em que o contrato é concluído se diferenciam com base em cada um desses passos relativos à receptividade da vontade do oblato pelo proponente (emissão, expedição, recepção ou conhecimento), fazendo com que cada sistema, a depender da teoria adotada, considere um momento distinto de conclusão contratual.[164]

A doutrina brasileira, baseada nos sistemas europeus de *civil law* (em especial o francês e o alemão), geralmente apresenta quatro diferentes teorias de comunicação. Fala-se em teoria da "cognição" ou "informação" quando a manifestação é válida a partir do efetivo conhecimento pela outra parte e, portanto, o contrato reputa-se concluído quando o proponente tem o conhecimento do teor da aceitação da proposta pelo oblato.[165]

Como esta teoria exige o *concurso de vontades* do proponente e aceitante, esta é adotada quando o legislador pretende proteger o proponente, uma vez que fica a critério deste definir o momento da conclusão do contrato.[166] Por outro lado, essa teoria pode levar a uma situação de "vai-e-vem", pois

[162] CISG Artigo 35 (2)(b): *forem adequadas a algum uso especial que, expressa ou implicitamente, tenha sido informado ao vendedor no momento da* ***conclusão do contrato****, salvo se das circunstâncias resultar que o comprador não confiou na competência e julgamento do vendedor, ou que não era razoável fazê-lo;* (grifo não original).

[163] Vide, por exemplo: Artigos 25, 31(c), 33(c), 35(3), 38(3), 42, 55, 57, 68, 71, 73(3), 74 e 79 todos da CISG; A. Do Amaral Júnior – U. Celli Júnior – L. E. Veronese, *A formação...*, p. 212.

[164] H. M. D. Verçosa, *Contratos Mercantis ...*, p. 274.

[165] D. Bessone de Oliveira, *Do Contrato ...*, p. 152; J. X. Carvalho de Mendonça, *Tratado ...*, p. 474; H. M. D. Verçosa, *Contratos Mercantis ...*, p. 276;

[166] H. M. D. Verçosa, *Contratos Mercantis ...*, p. 276; J. X. Carvalho de Mendonça, *Tratado ...*, p. 475.

seria possível ao proponente devolver a aceitação sem tomar-lhe conhecimento.[167]

A teoria da "declaração propriamente dita" se aplica quando o contrato estaria concluído no momento em que o oblato formula a declaração de aceitação, independentemente de sua expedição ao proponente.[168] Por este sistema de comunicação, basta apenas a *coexistência de vontades,* ainda que paralelas, para que o contrato seja firmado. Esta característica faz com que esta teoria seja criticada, já que não há necessidade de exteriorização da vontade.[169]

A terceira e muito utilizada é teoria da "expedição" ou "transmissão", pela qual as manifestações são válidas quando expedidas à outra parte. Desse modo, o contrato estaria concluído na medida em que o oblato, agora aceitante, exterioriza sua vontade fazendo uso do meio necessário para que sua aceitação chegue ao proponente.[170]

Por fim, fala-se em teoria da "recepção", quando a manifestação se torna válida no momento em que destinatário a recebe, independentemente de ter conhecimento do seu teor. Neste caso, o contrato estaria concluído quando a aceitação pelo oblato, agora denominado aceitante, chega e é recepcionada pelo proponente.[171]

Esta teoria da recepção parece ser a adotada pela CISG uma vez que, pela análise dos seus dispositivos que tratam da formação dos contratos, infere-se que o critério por ela adotado leva em consideração o momento em que a comunicação "*chega*" ao destinatário.

O artigo 23 estabelece que o contrato é considerado "*concluído no momento em que a aceitação da proposta se tonar eficaz*"[172], ao passo que o artigo18(2) estabelece que a aceitação é eficaz "*no momento em que chegar ao proponente a manifestação de consentimento do destinatário*"[173]. Fechando o entendimento, o artigo 24 considera que a comunicação "chega" ao

[167] M. M. de Serpa Lopes, *Curso de ...*, p. 100.

[168] A. Do Amaral Júnior – U. Celli Júnior – L. E. Veronese, *A formação...*, p. 213.

[169] M. M. de Serpa Lopes, *Curso de ...*, p. 99; J. X. Carvalho de Mendonça, *Tratado ...*, pp. 475-476; O. Gomes, *Contratos ...*, p. 81.

[170] J. X. Carvalho de Mendonça, *Tratado ...*, p. 476; O. Gomes, *Contratos ...*, p. 82.

[171] O. Gomes, *Contratos ...*, p. 82; M. M. de Serpa Lopes, *Curso de ...*, p. 99.

[172] Artigo 23: *Considerar-se-á concluído o contrato no momento em que a aceitação da proposta se tornar eficaz, de acordo com as disposições desta Convenção.*

[173] Artigo 18(2): *Tornar-se-á eficaz a aceitação da proposta no momento em que* ***chegar*** *ao proponente a manifestação de consentimento do destinatário.* (grifo não original)

destinatário "*quando for efetuada verbalmente, ou for entregue pessoalmente por qualquer outro meio, no seu estabelecimento comercial, endereço postal, ou, na falta destes, na sua residência habitual*".

Diferentemente, o CCB parece seguir a teoria da expedição de acordo com o artigo 434, segundo o qual os contratos são concluídos "*desde que a aceitação é expedida*". Ao adotar a teoria da expedição como regra principal – a qual comporta exceções como se verá adiante –, o legislador brasileiro decide por proteger o aceitante, que tem o preciso conhecimento acerca do momento da conclusão do contrato.[174] Esta não foi a opção feita pelos elaboradores da CISG que não quiseram transmitir ao policitante o risco de ficar sujeito à conduta do oblato para saber se o contrato fora ou não concluído.[175]

Com a aplicação direta da CISG ao ordenamento jurídico brasileiro, surge a dúvida sobre qual das duas teorias deverá ser aplicada para que se considere concluído o contrato.

Refere-se ao exemplo de um proponente brasileiro e um oblato espanhol, onde este último expediu sua aceitação por meio de carta em 7 de dezembro de 2015, sendo esta recebida no endereço do proponente em 14 de dezembro de 2015. Pela regra da expedição do CCB, o contrato estaria concluído desde o dia 7, enquanto pela regra da recepção da CISG a conclusão apenas teria ocorrido no dia 14. Neste caso, a escolha da teoria de comunicação determinará a data de término do prazo prescricional aplicável à eventual pretensão de uma das partes pelo cumprimento de prestações acordadas com a conclusão do contrato.

Diante desta diferença, busca-se sugerir formas de interpretação que possam conciliar essas regras. Neste sentido, a primeira consideração a ser feita é a de que nenhuma das teorias é perfeita, sendo que ambas, expedição e recepção, possuem falhas e podem não ser as mais adequadas para as diferentes situações.[176]

Por exemplo, o documento com a aceitação pode jamais chegar ao domicilio do proponente, implicando que este nunca saberá que o contrato

[174] H. M. D. Verçosa, *Contratos Mercantis*..., p. 276; A. Do Amaral Júnior – U. Celli Júnior – L. E. Veronese, *A formação*..., p. 213.

[175] M. P. P. Viscasillas, *The Formation of Contracts and the Principles of European Contract Law, in Pace International Law Review* (Fall 2001). Disponível em: http://cisgw3.law.pace.edu/cisg/biblio/perales3.html, p. 395.

[176] A. Do Amaral Júnior – U. Celli Júnior – L. E. Veronese, *A formação*..., p. 214.

fora concluído. Neste caso, a aplicação da teoria da expedição não parece ser a mais justa. Por outro lado, mesmo se a aceitação tiver chegado, pode ocorrer de o proponente, por motivos diversos, jamais ter conhecimento do conteúdo da aceitação e, portanto, mesmo pela teoria da recepção, o proponente poderia não saber se o contrato fora concluído.[177]

Mais relevante é, todavia, o fato de o CCB aplicar a regra da expedição de forma mitigada, comportando exceções e admitindo a aplicação outras teorias.[178] O inciso IV do artigo 428 do CCB indica, por exemplo, a aplicação da teoria da cognição para que a retratação da proposta tenha efeito, por ser necessário que esta *cheg[ue] ao conhecimento da outra parte.*[179]

É possível mencionar também a regra da "declaração propriamente dita" presente no artigo 432 do CCB transcrito acima por este dispensar sequer o envio da aceitação para que o contrato seja concluído.[180]

De forma compatível, também é possível extrair a teoria da recepção, da CISG, em outras três situações previstas pelo CCB. A primeira situação é prevista pelo artigo 430, pelo qual, em caso de aceitação tardia, o legislador informa que a aceitação deve "chegar" ao conhecimento do proponente[181]. A segunda, no caso da proposta feita sem prazo entre ausentes, em que o artigo 428, II estabelece que a aceitação também deve "chegar" ao conhecimento do proponente dentro de um prazo suficiente[182]. Importante a ressalva feita pela doutrina de que, nestes dois casos, o elemento do "conhecimento pela parte", referente à ciência acerca do teor da aceitação, é complementar e não essencial para a caracterização tanto da obrigação pelo proponente de informar a resposta tardia, no caso do artigo 430, quanto para excluir a obrigatoriedade da proposta, na hipótese do artigo 428, II.[183]

177 H. M. D. Verçosa, *Contratos Mercantis* ..., p. 311; M. M. de Serpa Lopes, *Curso de* ..., p. 99.

178 C. M. Da Silva Pereira, *Instituições* ..., vol. III. p. 43; C. L. Marques *in* F. C. Pontes De Miranda, *Tratado* ..., tomo XXXVIII, p. 99; F. C. Pontes de Miranda, *Tratado*..., tomo II, p. 514; M. M. de Serpa Lopes, *Curso de* ..., p. 102.

179 Artigo 428: *Deixa de ser obrigatória a proposta: IV: se, antes dela, ou simultaneamente, chegar ao conhecimento da outra parte a retratação do proponente.*

180 A. Do Amaral Júnior – U. Celli Júnior – L. E. Veronese, *A formação*..., p. 214.

181 Artigo 430: *Se a aceitação, por circunstância imprevista, chegar tarde ao conhecimento do proponente, este comunicá-lo-á imediatamente ao aceitante, sob pena de responder por perdas e danos.*

182 Artigo 428: *Deixa de ser obrigatória a proposta: II - se, feita sem prazo a pessoa ausente, tiver decorrido tempo suficiente para chegar a resposta ao conhecimento do proponente.*

183 C. M. Da Silva Pereira, *Instituições* ..., vol. III, p. 43; H. M. D. Verçosa, *Contratos Mercantis* ..., pp. 273 a 287; F. C. Pontes de Miranda, *Tratado* ..., tomo II , pp. 495-496.

A terceira situação, a mais incoerente do CCB, é aquela presente no artigo 433, pelo qual o legislador optou por considerar "*inexistente a aceitação, se antes dela ou com ela chegar ao proponente a retratação do aceitante*". Ora, sendo o contrato concluído a partir da expedição da aceitação, não se poderia mais falar em *retrata*ção, mas sim em *resolução*, pois já existiria um contrato, o qual já teria absorvido as duas declarações de vontade.[184]

Para Ubaldino Miranda, todavia, não existe incoerência, mas antes uma exceção trazida pelo direito brasileiro que não esvazia a legitimidade da teoria da expedição. Segundo o autor, o CCB, apesar de prever a expedição, admite também a retratação da aceitação e, tornando esta inexistente, não se pode falar em contrato, uma vez que, com a retratação, a aceitação nem chega a entrar no mundo jurídico, que dirá produzir efeitos.[185]

Tal conclusão não pode ser entendida como absoluta, visto que a pura declaração de vontade também é entendida como elemento mínimo para que a aceitação entre no plano da *existência*, sendo a aceitação aqui entendida como negócio jurídico unilateral.[186] A retratação apenas retiraria, por este entendimento, a *validade* e *eficácia* da aceitação, a qual já existe desde sua exteriorização pelo aceitante.

De modo distinto, a CISG adota uniformemente a teoria da recepção para todos os passos formação dos contratos.[187] No entanto, considerando o seu caráter dispositivo, a contradição existente não é capaz de causar maiores problemas, já que as partes podem, de comum acordo, afastar a teoria da recepção e adotar outro sistema. Essa possibilidade também estaria respaldada no fato de a própria CISG adotar a teoria da expedição no artigo 16(1)[188] e na Parte III, que diz respeito à execução dos contratos de compra e venda.[189]

[184] D. Bessone de Oliveira, *Do Contrato* ..., pp. 152-53; J. X. Carvalho de Mendonça, *Tratado* ..., p. 474.

[185] C. P. Ubaldino Miranda, *Comentários* ..., pp. 148 e 150. No mesmo sentido, M. M. de Serpa Lopes, *Curso de* ..., p. 102.

[186] A. J. De Azevedo, *Negócio Jurídico* ..., pp. 82-83

[187] A. Do Amaral Júnior – U. Celli Júnior – L. E. Veronese, *A formação*..., p. 215.

[188] Segundo o qual, a proposta pode ser revogada desde que chegue ao oblato antes da *expedição* da aceitação (*A proposta poderá ser revogada até o momento da conclusão do contrato, se a revogação chegar ao destinatário antes de este expedir a aceitação*).

[189] J. O. Albán, *in* J. Felemegas (org), *An International Approach to the Interpretation of the United Nations Convention on Contracts for the International Sale of Goods (1980) as Uniform Sales Law*, New York, CamBridge University Press, 2007, p. 83; A. M. Garro, *Reconciliation of Legal Traditions in*

Afora a certa flexibilidade entre os sistemas do CCB e da CISG, que demonstra esse caráter dispositivo, a análise desta divergência deve levar em consideração o caso concreto e o escopo limitado da CISG. Ou seja, é possível identificar, a partir da situação de fato, a teoria que melhor se aplica à formação de um contrato de compra e venda internacional de mercadorias[190].

Retoma-se o raciocínio feito por H. M. D. Verçosa sobre a aplicação da teoria da expedição. O autor ensina que, se a interpretação do artigo 434 do CCB for absolutamente literal, a vinculação do proponente à proposta somente se romperá quando da prescrição correspondente, a qual seria de 10 anos, na forma do artigo 205 do CCB[191], na hipótese de a aceitação ser expedida, porém não recebida pelo proponente. Essa situação seria inaceitável do ponto de vista do comércio internacional de mercadorias.

Dessa forma, a única interpretação juridicamente possível para esse dispositivo do CCB seria aquela que o mesmo autor chama de "expedição eficaz", ou seja, que o documento devesse chegar até o domicílio do proponente, tal como indicado por ele próprio na proposta, ou da sede do seu estabelecimento.[192] A expedição eficaz, segundo Pontes de Miranda, também implica dizer que o aceitante deve fazer o possível para que sua manifestação de vontade chegue ao proponente.[193] Esta interpretação sugerida corresponde à teoria da recepção prevista pela CISG.

Em outros termos, ainda que a teoria da recepção seja automaticamente aplicável aos contratos internacionais de compra e venda após a promulgação da CISG, extrai-se do raciocínio acima que esta teoria também é a mais adequada do ponto de vista comercial e que, portanto, esta deveria ser aplicada para se determinar a efetividade da aceitação e, igualmente,

the U.N. Convention on Contracts for the International Sale of Goods, in *International Lawyer*,1989. Disponível em: http://cisgw3.law.pace.edu/cisg/biblio/garro1.html, p. 454; vide, por exemplo, artigo 71(2) da CISG que se refere ao momento da expedição das mercadorias para o tema da violação antecipada do contrato: *Se o vendedor **houver expedido** as mercadorias antes de se tornarem eVidentes os motivos a que se refere o parágrafo anterior, poderá se opor a que o comprador tome posse das mercadorias, ainda que este seja portador de documento que lhe permita obtê-la. Este parágrafo refere-se somente aos direitos respectivos do comprador e do vendedor sobre as mercadorias.* (grifo não original).

[190] A. Do Amaral Júnior – U. Celli Júnior – L. E. Veronese, *A formação...*, p. 215.

[191] Artigo 205: *A prescrição ocorre em dez anos, quando a lei não lhe haja fixado prazo menor.*

[192] H. M. D.Verçosa, *Contratos Mercantis ...*, p. 332.

[193] F. C. Pontes de Miranda, *Tratado ...*, tomo XXXVIII, p. 51.

o momento da conclusão do contrato. Se assim não puder ser entendido, o prazo de vinculação do proponente ficaria ao sabor do acaso.[194]

Além disso, na teoria da recepção, "*o risco é transferido ao aceitante, o qual pode ser considerado como a parte que está em melhor posição que o proponente para determinar se houve atraso ou problemas no envio de aceitação*"[195] (este possui, por exemplo, o número de rastreamento, em caso de comunicação por correspondência). Por conta disso, a questão da "prova" também é facilitada em comparação com a teoria da expedição.[196]

Os dois sistemas ainda se correspondem plenamente no que diz respeito às contratações realizadas por meio eletrônico (por *e-mail*, por exemplo), as quais compreendem a maioria das transações atuais. No caso da CISG, ao interpretar o artigo 24, o CISG-AC dispõe que o o termo "chegar", refere-se ao momento em que a comunicação entra no servidor do destinatário, desde que este tenha concordado em receber comunicações por este meio e no endereço utilizado pelo remetente.[197]

No Brasil, apesar da ausência de disposição legal expressa, foi emitido, no âmbito da III Jornada de Direito Civil, o Enunciado 173 que dispõe: "*A formação dos contratos realizados entre pessoas ausentes, por meio eletrônico,* ***completa-se com a recepção*** *da aceitação pelo proponente*" (grifos não originais)[198]. Ou seja, para as contratações eletrônicas, a teoria da expedição do CCB dá lugar à da recepção.

Em vista destas considerações, o tema das diferentes teorias de comunicação adotadas pelos sistemas convencional e brasileiro desperta

[194] A. Do Amaral Júnior – U. Celli Júnior – L. E. Veronese, *A formação*..., p. 216.

[195] *Idem, ibidem*, p. 216.

[196] A. M. Garro, *Reconciliation* ..., p. 453.

[197] Parecer nº 1 do CISG-AC, *Comunicações Eletrônicas segundo a CISG*, 15 de agosto de 2003. Relatora: Prof.ª Christina Ramberg, Gotemburgo, Suécia, aprovado por unanimidade, trad. port. Guerra, André Henrique, disponível em https://www.cisgac.com/file/repository/Poruguese_opinion1.pdf. Artigo 24: *O termo "chegar" corresponde ao momento em que uma comunicação eletrônica tenha alcançado o servidor do destinatário, desde que o destinatário, expressa ou tacitamente, tenha consentido em receber comunicações eletrônicas deste tipo, neste formato, e neste endereço.*

[198] III Jornada de Direito Civil, dezembro de 2004. Enunciados disponíveis em: https://www.cjf.jus.br/cjf/corregedoria-da-justica-federal/centro-de-estudos-judiciarios-1/publicacoes-1/jornadas-cej/EnunciadosAprovados-Jornadas-1345.pdf. Os Enunciados das Jornadas de Direito Civil não podem ser considerados direito positivo, mas funcionam como importantes parâmetros de interpretação ao Código Civil de 2002, ao terem sido definidos por diversos dos mais respeitados civilistas brasileiros.

ao intérprete a necessidade de se recorrer ao âmbito de aplicação da CISG, pelo qual esta substitui harmoniosamente o CCB no tratamento das transações internacionais, e também ao caráter dispositivo das regras presentes tanto da CISG quanto do CCB.

Da mesma forma, ao se analisar as circunstâncias do caso concreto deste tipo de transação internacional, a teoria da recepção torna-se a mais adequada para se determinar o momento da conclusão do contrato tanto para o proponente como para o aceitante, o que é plenamente recebido pelo direito brasileiro, não apenas à luz das exceções presentes no CCB, mas especialmente nas contratações por meio eletrônico.

3 Oferta Dirigida ao Público

Outro tema que parece ensejar conflitos entre a CISG e o direito brasileiro, segundo a opinião de alguns autores, refere-se ao tratamento da oferta dirigida ao público.[199] Trata-se da situação típica do envio de catálogos, distribuição de panfletos, exposição em vitrines e propagandas dirigidas a pessoas indeterminadas e que, por possuírem em boa medida os requisitos essenciais da proposta, geram a dúvida se podem ser entendidas como propostas e, portanto, vinculantes em relação à pessoa que as emite.[200]

Tanto a CISG e o CCB possuem regras expressas sobre o tema, a partir das quais é possível identificar a divergência entre os dois sistemas:

> CCB art. 429 - A oferta ao público equivale a proposta quando encerra os requisitos essenciais ao contrato, salvo se o contrário resultar das circunstâncias ou dos usos.
>
> CISG art. 14(2) - A oferta dirigida a pessoas indeterminadas será considerada apenas um convite para apresentação de propostas, salvo se o autor da oferta houver indicado claramente o contrário.

[199] E. Grebler, *The Convention on International Sale of Goods and Brazilian Law: are diferences irreconcilable?* in *Journal of Law and Commerce* (2005-06) 467-476. Disponível em http://www.cisg.law.pace.edu/cisg/biblio/grebler.html, p. 470; A. Wald – J. A. F. Costa – M. M. Vieira, *O impacto da Convenção de Viena sobre a Compra e Venda Internacional de Mercadorias no Direito Brasileiro: Visão Geral*, in *Revista de Arbitragem e Mediação*, ano 10, vol. 37, abr-jun, 2013, p. 27.

[200] A. Do Amaral Júnior – U. Celli Júnior – L. E. Veronese, *A formação...*, p. 216.

A diferença reside no fato de que, para o direito brasileiro, a oferta ao público é considerada proposta vinculante (exceto se o contrário não resultar das circunstâncias do caso ou dos usos e desde que encerre os elementos essenciais ao contrato), ao passo que, para a CISG, esta é entendida como um convite aos destinatários a fazerem propostas, e apenas estas últimas serão vinculantes. Nota-se que aquilo que "é considerado uma regra para a CISG *(convite a contratar) corresponde a uma exceção ao CCB, do mesmo modo que o que este indica como regra (proposta) apenas pode ser concebido de forma excepcional pela CISG*"[201]. Aparentemente, um exemplo escolar de contradição.

Esta contradição pode ser melhor entendida e superada recorrendo-se aos parâmetros de interpretação, principalmente aquele relacionado ao escopo específico da CISG ao tratamento dos contratos internacionais de compra e venda. Neste momento, retoma-se o entendimento de P. Cvetkovik ao comparar a CISG aos PEDC, os quais, assim como o CCB, tratam da oferta ao público como proposta vinculante, nos termos do artigo 2:201 (2) e (3).[202]

Segundo este autor, o que diferencia o tratamento das ofertas ao público no âmbito da CISG e dos PEDC é o diferente escopo de aplicação dos dois instrumentos. Afinal, a CISG foi elaborada para ser aplicável a contratos internacionais de natureza comercial, enquanto que os PEDC foram concebidos como normas gerais de aplicação a qualquer contrato e, no caso específico da oferta ao público, a regra estabelecida nos PEDC protege diretamente os consumidores e as suas expectativas geradas a partir da oferta elaborada, vinculando, portanto, o proponente.[203]

O mesmo entendimento se aplica ao objetivo e alcance do artigo 429 do CCB, que também possui um amplo âmbito de aplicação sobre todas as modalidades de contratos. No caso da oferta ao público, a norma está em consonância com o regime especial de proteção ao consumidor previamente

[201] A. Do Amaral Júnior – U. Celli Júnior – L. E. Veronese, *A formação...*, p. 217.

[202] Artigo 2:201 (2): *An offer may be made to one or more specific persons or to the public*; (3) *A proposal to supply goods or services at stated prices made by a professional supplier in a public advertisement or a catalogue, or by a display of goods, is presumed to be an offer to sell or supply at that price until the stock of goods, or the supplier's capacity to supply the service, is exhausted.*

[203] P. Cvetkovik *in* J. Felemegas (org), *An International Approach to the Interpretation of the United Nations Convention on Contracts for the International Sale of Goods (1980) as Uniform Sales Law*, New York, CamBridge University Press, 2007, pp. 300-301. A. Do Amaral Júnior – U. Celli Júnior – L. E. Veronese, *A formação...*, p. 217.

estabelecido pelo artigo 30 do Código de Defesa do Consumidor ("CDC"), o qual obriga o fornecedor a manter a proposta anunciada.[204]

Referência especial faz-se às propostas relacionadas aos contratos de adesão. Por serem propostas que não admitem contraproposta, mas apenas a sua aceitação ou não pelo oblato, estas devem vincular o proponente, que não poderá mais revogá-las, sob pena de indenização por perdas de danos ao aceitante (*vide* próximo item).[205]

Já no cenário do comércio internacional, os contratos são celebrados por comerciantes especializados. A intenção destes agentes ao formularem uma oferta a pessoas indeterminadas é a de fornecer informações sobre as mercadorias e condições de venda, ou então de motivar os destinatários a elaborarem propostas.[206] Nesse sentido, não foi levado em consideração pelos elaboradores da CISG a possibilidade de destinatários indeterminados do comércio internacional identificarem este tipo de oferta como vinculante.[207]

A partir deste tema da oferta ao público, também é possível identificar a função complementadora da CISG em relação ao direito contratual brasileiro, seja ele o do CCB ou do CDC. Como visto, o CCB informa que a oferta ao público apenas pode ser considerada uma proposta (e, portanto, vinculante), se encerrar todos os requisitos essenciais do contrato. Neste momento questiona-se: quais seriam esses requisitos?

A resposta a esta pergunta dependerá, por óbvio, da modalidade de contrato que se está celebrando, sendo esta a razão para a vagueza do dispositivo presente no artigo 429 do CCB. Sendo o interesse desta obra o

[204] Artigo 30 do Código de Defesa do Consumidor (Lei 8.078/1990): "*Toda informação ou publicidade, suficientemente precisa, veiculada por qualquer forma ou meio de comunicação com relação a produtos e serviços oferecidos ou apresentados, obriga o fornecedor que a fizer veicular ou dela se utilizar e integra o contrato que vier a ser celebrado*"; C. L. Marques *in* F. C. Pontes De Miranda, *Tratado...*, tomo XXXVIII, p. 99; A. Do Amaral Júnior – U. Celli Júnior – L. E. Veronese, *A formação...*, p. 217. Vide TJSP, Apel. n. 2011.0000157578, Rel. Des. Adilson de Andrade, 30/08/2011; TJRS, Rec. In. n. 71000788745, Rel. Des. Heleno Tregnago Saraiva, 10/11/2005.

[205] C. P. Ubaldino Miranda, *Comentários* ..., p. 155.

[206] A. Do Amaral Júnior – U. Celli Júnior – L. E. Veronese, *A formação...*,p. 218; Vide caso julgado por um tribunal belga, no qual se decidiu que o envio de amostras não poderia ser considerado uma oferta (NV Boco v. S.r.l. Lenzi Egisto, Tribunal de Apelação, 2001/AR/1982, Gent, 08/11/2004, disponível em: http://cisgw3.law.pace.edu/cases/041108b1.html, acesso em março de 2019).

[207] M. P. P. Viscasillas, *The Formation...*, p. 379.

estudo do contrato de compra e venda, vejamos quais seriam os requisitos essenciais deste contrato elencados pelo CCB.

De acordo com os artigos 481 e 482[208] do referido diploma legal, são requisitos essenciais à compra e venda a determinação do objeto e do preço. Ficam, porém, algumas lacunas: é necessária a determinação da quantidade do objeto? E a determinação do outro contratante, no caso, o comprador, faz-se igualmente necessária?

São lacunas que podem ser facilmente preenchidas hoje a partir da interpretação do artigo 14(1) da CISG[209], que estabelece ser necessária a identificação, expressa ou implícita, das mercadorias a serem vendidas, da quantidade, do valor e ser dirigida a destinatário determinado. Ao identificar estes requisitos como essenciais às propostas de compra e venda, não se pode negar de que estes também sejam aplicáveis ao próprio contrato de compra e venda, de modo a complementar o disposto no artigo 429 do CCB, exceto quanto à determinação do destinatário, visto se tratar de oferta ao público.

Através desta interpretação complementadora da CISG, desmistifica-se também o conflito existente no tema da oferta ao público. Ou seja, para os contratos internacionais de compra e venda, a oferta ao público deve ser feita a pessoas determinadas para ser vinculante. Caso contrário, será apenas um convite a contratar, manifestação de vontade que também encontra respaldo no direito brasileiro.[210]

Por fim, relembra-se que tanto o CCB quanto a CISG possuem exceções à regra ao incluir nos seus dispositivos frases como "*salvo se o contrário resultar das circunstâncias ou dos usos*" e "*salvo se o autor da oferta houver indicado claramente o contrário*". Essas exceções podem ser de grande utilidade para a análise do caso concreto, até porque geram uma convergência entre os dois sistemas. Por exemplo, quando uma oferta de compra e venda dirigida ao público for extremamente precisa, designando as mercadorias, preço,

[208] Artigo 481: *Pelo contrato de compra e venda, um dos contratantes se obriga a transferir o domínio de certa coisa, e o outro, a pagar-lhe certo preço em dinheiro*; Artigo 482: *A compra e venda, quando pura, considerar-se-á obrigatória e perfeita, desde que as partes acordarem no objeto e no preço.*

[209] Artigo 14(1): *Para que possa constituir uma proposta, a oferta de contrato feita a pessoa ou pessoas determinadas deve ser suficientemente precisa e indicar a intenção do proponente de obrigar-se em caso de aceitação. A oferta é considerada suficientemente precisa quando designa as mercadorias e, expressa ou implicitamente, fixa a quantidade e o preço, ou prevê meio para determiná-los.*

[210] C. P. Ubaldino Miranda, *Comentários* ..., p. 164; J. X. Carvalho de Mendonça, *Tratado* ..., p. 469.

quantidade, demonstrando o emitente a sua vinculação àquela oferta, esta será considerada uma proposta firme, capaz de gerar um contrato, seja no âmbito do CCB (regra geral do 429), como também de acordo com o artigo 14(2), segunda frase, da CISG.[211]

Assim, a divergência expressa entre os dois dispositivos pode ser superada pela análise do caso concreto e pela identificação, primeiramente, da natureza do negócio jurídico e, em seguida, do conteúdo da oferta. Na hipótese de a oferta ser mais genérica, esta deverá ser considerada um convite para apresentação de propostas (regra geral da CISG combinada com exceção permitida pelo CCB) e, se for específica e demonstrar a intenção de vinculação pelo ofertante, deverá considerada proposta (regra geral do CCB combinada à exceção permitida pela CISG).[212]

4 Revogabilidade da Proposta

Dentre os temas mais complexos relacionados à formação dos contratos está a revogabilidade da oferta ou proposta. Além de ser muito comentado quando se trata das contradições entre a CISG e o direito brasileiro, também é um dos assuntos que podem gerar mais confusão aos operadores do direito do comércio internacional. Isso porque, as discussões começam quando da análise interna de cada um dos dois sistemas.

Antes de adentrar o estudo desta possível contradição, uma diferenciação conceitual se faz importante. Trata-se do esclarecimento sobre o significado de "revogação" da proposta e do ato de "retratação", conceitos estes tratados de maneira semelhante na CISG e no CCB.

A retratação ocorre quando a oferta ainda não se tornou uma proposta eficaz, ou seja, antes de se tornar vinculante em relação ao proponente. Esta vinculação se perfaz quando a proposta chega ao oblato, tanto nos termos da CISG, artigo 15(2)[213], quanto nos termos do CCB de acordo com o artigo 428, IV[214]. Até este momento, não há criação de expectativa pelo

[211] A. Do Amaral Júnior – U. Celli Júnior – L. E. Veronese, *A formação...*, p. 218; C. M. Bianca – M. J. Bonell, *Commentary ...*, p. 143.

[212] A. Do Amaral Júnior – U. Celli Júnior – L. E. Veronese, *A formação...*, p. 218.

[213] Artigo 15(2): *Ainda que seja irrevogável, a proposta pode ser retirada, desde que a retratação chegue ao destinatário antes da própria proposta, ou simultaneamente a ela.*

[214] Artigo 428, IV: *Deixa de ser obrigatória a proposta: [...] se, antes dela, ou simultaneamente, chegar ao conhecimento da outra parte a retratação do proponente.*

oblato, uma vez que este ainda não tem conhecimento de seus termos e não há qualquer prejuízo em sua retirada.[215]

A partir do instante em que o destinatário toma conhecimento da proposta, tornando-a efetiva, a retratação não mais é possível e, então, passa-se a se falar em *revogação* da proposta[216]. Deste momento em diante, a "mudança de opinião" pelo proponente pode trazer prejuízos ao oblato, sendo também o momento em que afloram as distinções entre os dois sistemas.[217]

Analisa-se, primeiramente, o tratamento da revogabilidade da proposta pelos dispositivos da CISG, que foram alvo de intensos debates quando de sua elaboração em virtude da diferença existente entre os sistemas de tradição de *civil law* e de *common law*.[218] Segundo a tradição de *common law*, a proposta é, via de regra, sempre revogável pelo proponente, enquanto que na tradição de *civil law* a proposta costuma ser tratada como irrevogável, excetuadas algumas situações excepcionais.[219]

Diante desta inconsistência, o artigo 16 da CISG apresenta uma regra que compatibiliza os dois sistemas ao estabelecer a revogabilidade da oferta até a a expedição da aceitação no item (1) (aproximando-se da regra de *common law*) e, ao mesmo tempo, contém exceções que tornam a proposta irrevogável no item (2) (aproximando-se da regra de *civil law*)[220]. Os doutrinadores da Convenção que participaram da Conferência de 1980 relatam que a elaboração deste dispositivo foi dramática, uma vez

[215] C. M. Bianca – M. J. Bonell, *Commentary ...*, p. 147, p. 147; D. Bessone de Oliveira, *Do Contrato ...*, p. 123; A. Do Amaral Júnior – U. Celli Júnior – L. E. Veronese, *A formação...*, p. 219.

[216] C. M. Bianca – M. J. Bonell, *Commentary ...*, p. 147; S. Malik, *Offer ...*. .

[217] A. Do Amaral Júnior – U. Celli Júnior – L. E. Veronese, *A formação...*, p. 219.

[218] *Idem, ibidem.*

[219] C. M. Bianca – M. J. Bonell, *Commentary ...*, p. 150; S. Malik, *Offer ...*; A. Vincze *in* J. Felemegas (org), *An International Approach to the Interpretation of the United Nations Convention on Contracts for the International Sale of Goods (1980) as Uniform Sales Law*, New York, CamBridge University Press, 2007, p. 85; P. Schelechtriem – I. Schwenzer, *Commentary ...*, 2010, p. 122; G. Eörsi, *Problems Unifying Law on the Formation of Contracts for the International Sales, in 27 American Journal of Comparative Law* (1979) 311-323. Disponível em: https://cisgw3.law.pace.edu/cisg/text/eorsi16.html.

[220] Artigo 16(1): *A proposta poderá ser revogada até o momento da conclusão do contrato, se a revogação chegar ao destinatário antes de este expedir a aceitação.* (2) *A proposta não poderá, porém, ser revogada:* (a) *se fixar prazo para aceitação, ou por outro modo indicar que seja ela irrevogável; (b) se for razoável que o destinatário a considerasse irrevogável e tiver ele agido em confiança na proposta recebida.* A. Do Amaral Júnior – U. Celli Júnior – L. E. Veronese, *A formação...*, p. 220.

que as delegações de *civil law* não aceitariam a revogabilidade da oferta em qualquer circunstância, devendo o Grupo de Trabalho da Uncitral estabelecer uma "*compromisse rule*" capaz de ser aceita por ambos os sistemas jurídicos.[221]

Apesar dos esforços, a oposição entre os dois sistemas é tão forte que, mesmo diante da regra conciliadora do artigo 16, a interpretação das exceções presentes no item (2) deste artigo costuma se diferenciar quando realizada por intérpretes de tradição de *civil law* e de *common law*, especialmente no que tange a interpretação do item 16(2)(a) sobre a estipulação de um prazo para a aceitação da proposta.[222]

Embasados no artigo 5 da ULF de 1964, os primeiros *drafts* que culminaram no artigo 16 previam que a estipulação de um prazo para a aceitação era uma das formas de tornar a proposta irrevogável[223]. Este dispositivo elencava no inciso 2 a estipulação de um prazo fixo de aceitação como causa de irrevogabilidade da proposta.[224]

Diferentemente, na tentativa de tornar a regra aplicável aos dois sistemas, a redação final do artigo 16(2)(a) da CISG inseriu a estipulação de um prazo para aceitação de forma alternativa: a proposta pode indicar que é irrevogável também ao estabelecer um prazo fixo de aceitação.[225] Esta fórmula colocada pelos elaboradores da CISG, na visão dos intérpretes de tradição de *common law*, indica que a fixação de um prazo de aceitação não é por si só suficiente para tornar a proposta irrevogável.[226]

De fato, o texto original em inglês do artigo 16(2)(a) pode gerar diferentes entendimentos na prática a depender da tradição jurídica das partes. Para um tribunal de *civil law*, a estipulação de um prazo torna a proposta irrevogável, ao passo que um tribunal de *common law* pode

[221] C. M. Bianca – M. J. Bonell, *Commentary* ..., pp. 150-151; S. Malik, *Offer* ...; P. Schelechtriem – I. Schwenzer, *Commentary* ..., 2010, p. 121.

[222] A. Do Amaral Júnior – U. Celli Júnior – L. E. Veronese, *A formação...*, p. 220.

[223] C. M. Bianca – M. J. Bonell, *Commentary* ..., p. 153; S. Malik, *Offer* ....; A. Do Amaral Júnior – U. Celli Júnior – L. E. Veronese, *A formação...*, p. 220.

[224] ULF Article 5: 2: *After an offer has been communicated to the offeree it can be revoked unless the revocation is not made in good faith or in conformity with fair dealing or unless the offer* ***states a fixed time for acceptance*** *or otherwise indicates that it is firm or irrevocable.*(grifo não orifinal)

[225] A. Do Amaral Júnior – U. Celli Júnior – L. E. Veronese, *A formação...*, p. 220. Texto original em inglês: *Article 16(2)(a): if is indicates, whether by stating a fixed time for acceptance or otherwise, that it is irrevocable.*

[226] C. M. Bianca – M. J. Bonell, *Commentary* ..., p. 157.

considerá-lo apenas um lapso temporal em que a proposta permanece em aberto.[227]

No entanto, a tradução oficial do artigo 16(2)(a) para o idioma português não reflete essa "ambiguidade", já que estabelece, talvez pelo fato de ser baseada na tradição de *civil law*, a fixação de um prazo de aceitação como suficiente para tornar a proposta irrevogável, nos seguintes termos: "*se fixar prazo para aceitação, ou por outro modo indicar que seja ela irrevogável*".[228] Trata-se da tradução literal da regra presente na antiga ULF referida acima.

Feita esta análise sobre o tratamento da revogabilidade na CISG, passa-se ao exame do direito brasileiro que não é menos conflituoso. Sendo o Brasil um país de tradição de *civil law*, em princípio, a irrevogabilidade é prevista como regra, em contraposição ao sistema convencional. Porém, ao serem analisados os dispositivos do CCB, notadamente os artigos 427 e 428, percebe-se desde logo que não há referência expressa à "irrevogabilidade" da proposta, mas sim a sua "obrigatoriedade":

> Artigo 427: A proposta de contrato **obriga** o proponente, se o contrário não resultar dos termos dela, da natureza do negócio, ou das circunstâncias do caso;
>
> Artigo 428: Deixa de ser **obrigatória** a proposta: (...)(grifos não originais)

Pela leitura dos dispositivos acima, é possível a interpretação preliminar de que o conceito de obrigatoriedade do CCB seria o mesmo da irrevogabilidade presente na CISG. Partindo-se dessa interpretação, percebe-se uma aparente divergência entre o CCB e a CISG, na medida em que o primeiro estabelece a obrigatoriedade ("irrevogabilidade") como regra no artigo 427 e as exceções no artigo 428, enquanto que a CISG tem por

[227] S. Malik, *Offer* ...cit.

[228] A. Do Amaral Júnior – U. Celli Júnior – L. E. Veronese, *A formação...*, p. 221. Interessante retomar a referência feita no artigo que acaba de ser citado sobre outra tradução da CISG elaborada pela Professora Iacyr de Aguilar Vieira, publicada sob permissão das Presses Universitaires de Strasbourg e disponível na base CISG Brasil, pela qual a proposta não poderá ser revogada "*se ela indicar, fixando um prazo determinado para aceitação, ou por qualquer outro modo, que é irrevogável*", a qual se assemelha mais com o texto original em inglês da CISG.

regra a revogabilidade, sendo a irrevogabilidade admitida excepcionalmente no termos do artigo 16(2).[229]

Para esta hipótese, a solução normalmente encontrada pelos juristas seria o fato de ambos os sistemas possuírem exceções amplas e, por meio da aplicação destas exceções, unidas à regra de interpretação uniforme e do âmbito de aplicação da CISG, seria possível uma compatibilização dos dois sistemas no caso concreto[230]. Antes de admitir esta saída, analisa-se a questão sobre se a obrigatoriedade presente no CCB, de fato, corresponderia à irrevogabilidade presente na CISG.

Para dificultar ainda mais o trabalho, o tratamento dos conceitos referentes à obrigatoriedade e revogabilidade da proposta não é uniforme pelos doutrinadores brasileiros.[231]

Por vezes, os doutrinadores aproximam os dois conceitos ao dispor que após a chegada ao oblato, a proposta é dotada do efeito da irrevogabilidade.[232] Por outro lado, existe o entendimento no sentido de que "obrigatória" não se confunde com "irrevogável", sendo irrevogável apenas a proposta que contem uma cláusula de irrevogabilidade.[233]

Este segundo entendimento busca diferenciar os dois conceitos a partir dos efeitos que a "*mudança de opinião do proponente*" tem sobre a proposta.[234] Neste sentido, sustenta-se que, sendo obrigatória a proposta nos termos do artigo 427, na hipótese de esta não ser mantida pelo proponente, este deverá indenizar o oblato pelas eventuais perdas e danos sofridos em virtude das expectativas criadas.[235]

[229] A. Do Amaral Júnior – U. Celli Júnior – L. E. Veronese, *A formação...*, p. 222; A. C. Cordeiro Neto – G. M. Radael – L. F. C. Lopes, *Brazil* ...cit.

[230] A. Do Amaral Júnior – U. Celli Júnior – L. E. Veronese, *A formação...*, p. 222.

[231] J. P. Schmidt, *La Revocación de la oferta en el derecho contractual de los países Latinoamericanos y en el Derecho Uniforme, in Roma e America. Diritto Romano Comune in* Rivista di Diritto Dell'Integrazione e Unificazione del Diritto in Europa e in America Latina, vol 30, Roma, Mucchi Editore, 2010 pp. 136-139; A. Do Amaral Júnior – U. Celli Júnior – L. E. Veronese, *A formação...*, p. 222.

[232] F. C. Pontes de Miranda, *Tratado ...*, tomo II, p. 511; I. A. Vieira, *L' applicabilité ...*, p. 340; C. P. Ubaldino Miranda, *Comentários ...*, p. 429.

[233] C. M. Da Silva Pereira, *Instituições ...*, vol. III, p. 39; S. S. Venosa, *Direito Civil. Teoria Geral das Obrigações e Teoria Geral dos Contratos,* vol II, 5ª Ed., São Paulo, Atlas, 2005, p. 547; H. M. D. Verçosa, *Contratos Mercantis ...*, p. 315; D. Bessone de Oliveira, *Do Contrato ...*, pp. 128-129.

[234] A. Do Amaral Júnior – U. Celli Júnior – L. E. Veronese, *A formação...*, p. 223.

[235] D. Bessone de Oliveira, *Do Contrato ...*, p. 128; J. X. Carvalho de Mendonça, *Tratado ...*, p. 466.

Diferente será, contudo, o efeito do não cumprimento da proposta se ela for irrevogável. Ao não ser permitida a sua "retirada", a proposta poderá ser aceita pelo oblato, reputando-se concluído o contrato. Nesta hipótese, a mudança de opinião do proponente será entendida como um inadimplemento contratual e não como uma revogação, já que ela não é permitida.[236]

Para D. Bessone de Oliveira, a confusão entre revogabilidade e obrigatoriedade é tão grave que, ao serem entendidas como equivalentes, o contrato perderia a categoria de *fonte de obrigações bilaterais*, já que estas poderiam ser originadas a partir da mera declaração de vontade unilateral, anterior ao acordo de vontades (proposta).[237]

Por esta concepção, a obrigatoriedade corresponderia à *"adstrição aos termos da proposta, respondendo o proponente por perdas e danos em caso de sua alteração ou retirada"*, enquanto que a irrevogabilidade representaria *"a impossibilidade de o proponente retirar a proposta em qualquer circunstância, estando este sujeito à vontade do oblato"*, e estando obrigado a concluir o contrato quando haja aceitação por este.[238]

Este entendimento segue o modelo francês e é o mais comumente encontrado na doutrina brasileira, enquanto que o primeiro é defendido por aqueles que seguem o modelo alemão de que a obrigatoriedade da proposta a torna irrevogável[239]. A diferença entre os dois sistemas acerca do assunto se dá em razão de o direito francês conferir importância decisiva ao papel volitivo da proposta, ao passo que o direito alemão possui maior preocupação com a segurança das relações jurídicas, deixando a vontade interior do agente em segundo plano.[240]Por consequência, para o sistema alemão, a irrevogabilidade da proposta representa uma garantia ao oblato, conferindo maior segurança à relação jurídica.

Entretanto, por ser a lei brasileira omissa (apenas fala em "obrigatoriedade"), este livro deve analisar as diferentes posições para que possa apresentar a interpretação mais adequada e, porque não, mais conciliável ao que propõe a CISG.

236 S. S. Venosa, *Direito Civil ...*, p. 547; H. M. D. Verçosa, *Contratos Mercantis ...*, p. 315; D. Bessone de Oliveira, *Do Contrato ...*, p. 130; A. Do Amaral Júnior – U. Celli Júnior – L. E. Veronese, *A formação...*, p. 223.

237 D. Bessone de Oliveira, *Do Contrato ...*, p. 130.

238 A. Do Amaral Júnior – U. Celli Júnior – L. E. Veronese, *A formação...*, p. 223.

239 J. P. Schmidt, *La Revocación ...*, p. 139; M. M. de Serpa Lopes, *Curso de ...*, p. 91.

240 A. J. De Azevedo, *Negócio Jurídico ...*, p. 75.

Nota-se que este entendimento de que a obrigatoriedade se difere da irrevogabilidade é coerente com a natureza jurídica da proposta. Sendo um negócio jurídico unilateral[241], fundamentado na *vontade* do agente, a este cabe o direito de retirar a proposta, visto ser o único unilateralmente vinculado e sujeito aos efeitos jurídicos da proposta[242]. O recebimento da proposta pelo oblato vincula o policitante na medida em que voluntariamente cria uma expectativa, mas não impede a sua retirada.

O fato de o proponente estar adstrito aos termos da proposta, indenizando o oblato em caso de desistência, não significa que esta é irrevogável. A irrevogabilidade apenas pode ser inferida de termos expressos da proposta (exemplo da cláusula de irrevogabilidade) ou das circunstâncias do caso, ou mesmo em casos determinados por lei[243]. Logo, segundo este posicionamento, pelo direito brasileiro, assim como na CISG, a revogabilidade também é a regra.

Como os dois entendimentos que predominam na doutrina brasileira se diferenciam com base nos efeitos conferidos à revogação da proposta, deve-se então analisar quais seriam os efeitos da revogabilidade no âmbito da CISG. A definição destes efeitos poderá trazer mais subsídios para dirimir a aparente contradição entre os dois sistemas, a partir da resposta às seguintes perguntas: "*O proponente também estaria sujeito [a indenizar por] perdas e danos como no caso da 'obrigatoriedade' do CCB? Ou estaria este impedido de 'mudar de opinião', devendo o contrato ser concluído quando da aceitação pelo oblato?*"[244]

A CISG também não trata das consequências da tentativa de revogação de uma proposta quando esta for considerada irrevogável, nem mesmo existe um consenso sobre esse tema entre os tribunais que aplicam a Con-

[241] F. C. Pontes de Miranda, *Tratado...*, tomo XXXI, pp. 325-326.

[242] F. C. Pontes de Miranda, *Tratado de Direito Privado. Parte Especial, Direito das Obrigações: Obrigações e suas espécies. Fontes e espécies de obrigações*, tomo XXII, 3ª ed., Rio de Janeiro, Borsoi, 1971, p. 59.

[243] M. M. de Serpa Lopes, *Curso de ...*, p. 93; Pontes de Miranda, *Tratado ...*, tomo XXII, p. 59; D. Bessone de Oliveira, *Do Contrato ...*, p. 129. Dentre os casos previstos pelo CCB, cita-se os artigos 683 e 684 relativos ao mandato: Artigo 683: *Quando o mandato contiver a cláusula de irrevogabilidade e o mandante o revogar, pagará perdas e danos*; Artigo 684: *Quando a cláusula de irrevogabilidade for condição de um negócio bilateral, ou tiver sido estipulada no exclusivo interesse do mandatário, a revogação do mandato será ineficaz.*

[244] A. Do Amaral Júnior – U. Celli Júnior – L. E. Veronese, *A formação...*, p. 224.

venção. A exemplo do que ocorre no Brasil, vislumbra-se um dissenso entre os poucos doutrinadores da CISG que chegam analisar esses efeitos.[245]

Entre aqueles mais citados, há a opinião de que a irrevogabilidade da oferta afasta do proponente o poder de retirá-la e, na hipótese de revogação, esta não terá qualquer efeito para o oblato que poderá, independentemente do comportamento do policitante, aceitar a proposta e concluir o contrato. Assim, a "revogação" pelo proponente deverá ser entendida como uma recusa em executar o contrato, sendo sua responsabilidade apurada no âmbito contratual.[246]

Segundo esta posição, pela regra geral da revogabilidade da proposta prevista no artigo 16(1) da CISG, *"a revogação da proposta confere ao oblato o direito de indenização pela quebra da confiança, situação regulada pelo direito nacional, uma vez que não possui tratamento específico na CISG"*[247]. Contudo, quando se está diante de uma proposta irrevogável (artigo 16(2)), o contrato deverá ser concluído em caso de aceitação pelo oblato, sendo a "mudança de opinião" pelo proponente entendida como inadimplemento contratual.[248]

Assim, é possível observar que, de acordo com o entendimento majoritário sobre o tema da revogabilidade no direito brasileiro e na CISG, não existe a relatada contradição entre os dois sistemas, já que os efeitos da revogabilidade da proposta seriam precisamente os mesmos para ambos.[249]

Sinteticamente, a regra geral do CCB seria a da "obrigatoriedade"/"vinculação", e não a "irrevogabilidade", o que implica dizer que o proponente está obrigado aos termos da proposta, devendo indenizar o oblato em caso de revogação por criar expectativas a ele (responsabilidade extracontratual). Trata-se do mesmo entendimento expresso na regra geral do artigo 16(1) da CISG que permite a revogabilidade da pro-

[245] H. Mather, *Firm Offers under the UCC and the CISG*, in *Dickinson Law Review*, Fall 2000. Disponível em: http://www.cisg.law.pace.edu/cisg/biblio/mather2.html, p. 42.

[246] A. Do Amaral Júnior – U. Celli Júnior – L. E. Veronese, *A formação...*, p. 224. Neste sentido: P. Schelechtriem – I. Schwenzer, *Commentary ...*, 2010, p. 123; F. Enderlein, – D. Maskow, *International ...*, p. 89; O. Akseli *in* J. Felemegas (org), *An International Approach to the Interpretation of the United Nations Convention on Contracts for the International Sale of Goods (1980) as Uniform Sales Law*, New York, CamBridge University Press, 2007, p. 303; V. Heuzé, *Traité des Contracts – La Vente Internationale de Marchandises: Droit Uniforme*, direção por J. Ghestin, Jaques, Paris, L.G.D.J., 2000, pp. 161-162.

[247] A. Do Amaral Júnior – U. Celli Júnior – L. E. Veronese, *A formação...*, p. 224.

[248] P. Schelechtriem – I. Schwenzer, *Commentary...*, 2010, p. 123.

[249] A. Do Amaral Júnior – U. Celli Júnior – L. E. Veronese, *A formação...*, p. 224.

posta. Outra situação resulta de uma proposta considerada "irrevogável" – seja por fixar um prazo de aceitação ou por qualquer outro meio. Neste caso, a proposta não poderá ser retirada e o contrato será concluído, tanto com base no direito brasileiro, quanto nos termos do artigo 16(2) da CISG, sendo esta, desde 2014, uma hipótese de irrevogabilidade prevista em lei.[250]

Como o CCB não trata de forma expressa a questão da irrevogabilidade da proposta como feito pela CISG, e menos ainda dos seus efeitos, a Convenção surge, assim como no caso da oferta ao público, como uma importante ferramenta de complementação ao CCB ao especificar, por meio do artigo 16(2), casos de irrevogabilidade da proposta.

Em conclusão deste primeiro capítulo, verifica-se que a análise mais atenta dos dispositivos da CISG e do CCB, combinada à utilização dos princípios de interpretação, permite a superação das aparentes contradições entre os dois sistemas no âmbito da formação dos contratos. É o que se pode concluir, por exemplo, ao se considerar o caráter dispositivo das regras sobre as comunicações entre proponente e o oblato, bem como ao se compreender o escopo genérico e protetivo das regras do CCB no tratamento da oferta ao público. Da mesma forma, foi possível demonstrar a ausência de contradição entre os dois sistemas no tocante ao tema da revogabilidade da proposta.

[250] A. Do Amaral Júnior – U. Celli Júnior – L. E. Veronese, *A formação...*, pp.224-225.

Capítulo 2 - Resolução do Contrato por Inadimplemento

1 Definições Introdutórias

Após a formação do contrato, adentra-se uma nova fase de sua existência: o âmbito de execução do contrato. Diferentemente do que ocorre na fase pré-contratual, quando das trocas de ofertas e aceitações, a partir da conjunção destas manifestações de vontade, cria-se a relação obrigacional. Mudam-se os deveres e direitos das partes, as quais deixam de ser proponente e oblato para se tornarem credores e devedores recíprocos em vista da bilateralidade do contrato de compra e venda.

A execução do contrato situa-se na fase intermediária da vida do contrato que, uma vez adimplido, extingue-se. A despeito das diversas formas de extinção contratual[251], a principal e ordinariamente esperada pelas partes é o adimplemento, a *solutio*, quando o devedor satisfaz o credor voluntariamente e dentro dos termos pactuados. Em se falando de compra e venda de mercadorias, o adimplemento se dá mediante a entrega da coisa pelo vendedor e o pagamento do preço pelo comprador.

Em sentido oposto à normalidade da extinção destes contratos, encontra-se o inadimplemento, ou seja, a não satisfação da prestação devida, seja pelo vendedor, seja pelo comprador. O inadimplemento pode ser derivado de fato ou ato imputável ao obrigado, sendo este voluntário,

[251] Dentre aquelas previstas pelo direito brasileiro: a dação em pagamento, a compensação, a remissão de dívidas, a confusão e novação. Todas se referem a causas extintivas de obrigações em geral e, portanto, também são aplicáveis aos contratos.

como também pode decorrer de situação objetiva de caso fortuito ou força maior, configurando o inadimplemento involuntário.[252]

Assim como o adimplemento, o inadimplemento também pode vir a ser uma causa de extinção do contrato, tanto pelo sistema da CISG, quanto pelo direito brasileiro do CCB. Nos dois sistemas, todavia, esta não é a regra.

Ambos os sistemas são pautados pelo princípio da obrigatoriedade do contrato e na necessidade de sua continuação. De um lado, o direito contratual brasileiro tem por base o princípio da *pacta sunt servanda*, do mesmo modo que a CISG, aplicável aos contratos de compra e venda internacionais que envolvem grandes quantidades de mercadorias e altos custos de transporte, possui diversas regras direcionadas à preservação do contrato.[253]

Com isso, a extinção do contrato em virtude do inadimplemento é dificultada tanto na CISG quanto no CCB, em especial quando se está diante de um inadimplemento voluntário. Essa identidade principiológica entre a CISG e o direito contratual brasileiro pela continuidade do vínculo obrigacional é de grande importância para a análise feita neste capítulo, o qual visa apresentar as novas regras da CISG que passam a fazer parte do ordenamento jurídico brasileiro para substituir e complementar as regras existentes.

Antes de se iniciar o estudo do inadimplemento contratual capaz de extinguir a relação obrigacional no âmbito dos dois sistemas, são necessários alguns esclarecimentos introdutórios sobre o tema da extinção dos contratos, em especial, dos contratos bilaterais. A despeito de ser um tema muito estudado e comentado pela doutrina sobre a CISG, algumas confusões e mesmo equívocos conceituais são usualmente cometidos.

De acordo com o direito brasileiro, os contratos de compra e venda podem ser extintos unilateralmente. Tal extinção do vínculo contratual

[252] A. De Assis, *Resolução do contrato por inadimplemento*, 4ª ed., São Paulo, Revista dos Tribunais, 2004, p. 99; R. R. de Aguiar Junior, *A extinção dos Contratos*, in W. Fernandes (coord.), *Contratos Empresariais: Fundamentos e Princípios dos Contratos Empresariais*, 2ª ed., São Paulo, Saraiva, 2012, p. 504; C. P. Ubaldino Miranda, *Comentários ...*, p. 424.

[253] B. K. Leisinger, *Fundamental Breach – Considering Non Conformity of Goods – Contribution on International Commercial Law*, München, Sellier, 2007, p. 25; L. A. Dimatteo *et. al, International Sales Law, A critical analysis of CISG Jurisprudence*, CamBridge, CamBridge University Press, 2005, p. 125; R. R. de Aguiar Junior, *A Convenção de Viena e a resolução do contrato por incumprimento, in* Revista de Informação Legislativa, a.31, n. 121 jan./mar., Brasília, 1994, p. 213.

opera-se por *resilição* ou *resolução,* pelas quais se retira a eficácia do negócio jurídico[254].

Seguindo a classificação tradicional de Pontes de Miranda, ambos os termos se referem à extinção do contrato por inadimplemento. Na resolução o contrato se desfaz como se nunca tivesse existido, devendo as partes, a partir da resolução, retornarem ao *status quo ante.* A resolução é assim dotada de efeito *ex tunc*[255].

Nas palavras de A. de Assis, *"a resolução constitui uma terapia agressiva para corrigir um mal assaz grave e superveniente da relação contratual, comprometida pelo inadimplemento".*[256]

Nesta mesma classificação tradicional, diz-se que a resilição opera *ex nunc.* Existe o negócio jurídico que produz efeitos até o momento de sua extinção, quando, então, resile-se.[257] Segundo este entendimento, fala-se em resilição para os contratos de duração ou execução continuada, como os de fornecimento, para os quais não é possível a restituição de todas as mercadorias já transacionadas, bem como da devolução de todo o valor pago ao longo da execução do contrato[258].

No entanto, influenciado pelos difusores da doutrina francesa, o CCB de 2002 passou adotar outra classificação, pela qual a resolução abrangeria ambos os efeitos, *ex nunc* e *ex tunc* a depender da modalidade do contrato, sempre relacionada à extinção do contrato por *inadimplemento*[259].

[254] F. C. Pontes de Miranda, *Tratado de Direito Privado. Parte Especial. Direito das Obrigações: Extinção das dívidas e obrigações. Dação em soluto. Confusão. Remissão de dívidas. Novação. Transação. Outros modos de extinção,* tomo XXV, 3ª ed., São Paulo, Revista dos Tribunais, 1984, p. 332.

[255] F. C. Pontes de Miranda, *Tratado ...,* tomo XXV, p. 307 e 310; A. De Assis, *in* A. De Assis – R. A. De Andrade – F. G. Pessoa Alves, *Comentários ao Código Civil Brasileiro. Direito das Obrigações (arts. 421 a 578),* vol. V, coord. por A. Alvim - T. Alvim, Rio de Janeiro, Forense, 2007, p. 635; R. R. de Aguiar Junior, *A Convenção ...,* p. 217.

[256] A. De Assis, *in* A. De Assis – R. A. De Andrade – F. G. Pessoa Alves, *Comentários ...,* p. 600.

[257] F. C. Pontes de Miranda, *Tratado...,* tomo XXV, p. 308 e 310; F. C. Pontes de Miranda, *Tratado...,* tomo XXVIII, p. 331; N. Nery Junior; R. M. de A. Nery, *Código civil anotado e legislação extravagante: atualizado até 2 de maio de 2003,* 2ª ed. rev. e ampl.,. São Paulo, Revista dos Tribunais, 2004, p. 474.

[258] F. C. Pontes de Miranda, *Tratado de Direito Privado. Parte Especial. Direito das Obrigações: Compra e venda. Troca. Contrato estimatório,* tomo XXXIX, 3ªed., Rio de Janeiro, Borsoi, 1972, p. 362; F. C. Pontes de Miranda, *Tratado ...,* tomo XXVIII, p. 332.

[259] H. T. Junior, A. M. T. de Mello, *Apontamentos sobre a Responsabilidade Civil na Denúncia dos Contratos de Distribuição, Franquia e Concessão Comercial,* In: *Doutrinas Essenciais de Responsabilidade Civil,* vol. 2, São Paulo, Revista dos Tribunais, 2011.

Já a resilição, nos termos do artigo 473 do CCB, refere-se à extinção unilateral do contrato *sem motivação*, a qual somente é permitida nos casos previstos expressamente ou implicitamente em lei ou quando estipulada expressamente pelas partes no contrato[260]. Ou seja, rompe-se o contrato apenas por força da vontade, independentemente de violação ou descumprimento de suas cláusulas ou condições[261]. Por ser operada apenas de forma excepcional, o parágrafo único do artigo 473 estabelece que a resilição só produzirá efeitos após um prazo compatível com os investimentos realizados.[262]

Há também o entendimento de a resilição seria a denominação genérica adotada pelo legislador para todos os casos de dissolução do contrato pela vontade das partes ou por apenas uma delas, tendo ou não o inadimplemento como causa.[263] Assim, a resilição abrangeria tanto o distrato, forma bilateral de dissolução do contrato, como as demais declarações unilaterais de dissolução.[264]

A partir das classificações acima, tem-se que o conceito de resilição abrange a "denúncia", sendo esta a manifestação de vontade pela qual se exerce este direito.[265] A denúncia não desconstitui o contrato – como a resolução e a resilição –, mas se refere à declaração de vontade que determina que o contrato não continue, possuindo eficácia para o futuro.[266] A denúncia é a expressão que faz nascer a pretensão da extinção do contrato, normalmente relacionada a obrigações duradouras.[267]

260 Artigo 473: *A resilição unilateral, nos casos em que a lei expressa ou implicitamente o permita, opera mediante denúncia notificada à outra parte.*

261 R. R. de Aguiar Junior, *Comentários...*, pp. 263-264; H. T. Junior, A. M. T. de Mello, *Apontamentos*...cit.

262 Artigo 473, Parágrafo único: *Se, porém, dada a natureza do contrato, uma das partes houver feito investimentos consideráveis para a sua execução, a denúncia unilateral só produzirá efeito depois de transcorrido prazo compatível com a natureza e o vulto dos investimentos.*

263 O. Gomes, *Contratos ...*, p. 221; R. R. de Aguiar Junior, *A extinção ...*, pp. 480 e 501.

264 R. R. de Aguiar Junior, *A extinção ...*, p. 480; C. P. Ubaldino Miranda, *Comentários ...*, p. 423; M. M. de Serpa Lopes, *Curso de ...*, p. 198.

265 O. Gomes, *Contratos ...*, p. 224; R. R. de Aguiar Junior, *A extinção ...*, p. 493; R. X. Leonardo, *A Denúncia e a Resilição: críticas e propostas hermenêuticas ao art. 473 do CC/2002*, vol., 7, São Paulo, Revista dos Tribunais, 2016.

266 F. C. Pontes de Miranda, *Tratado...*, tomo XXV, p. 310.

267 F. C. Pontes de Miranda, *Tratado...*, tomo XXVIII, p. 344; R. R. de Aguiar Junior, *A extinção...*, p. 493.

Substancialmente distinta da resolução, a qual possui como causa o inadimplemento por uma das partes, está a "rescisão" do contrato. A rescisão, segundo o entendimento tradicional, ocorre nas hipóteses em que há vícios no processo de formação do contrato como, por exemplo, nas hipóteses de contrato concluído em estado de perigo, estado de necessidade ou por lesão.[268] Assim, admite-se que o contrato é válido e eficaz, porém, a causa de sua impossibilidade de prosperar está no suporte fático do contrato, e não no comportamento superveniente das partes, como o inadimplemento.[269]

Mesmo com estas diferenças, é comum existirem confusões em livros, artigos e, principalmente, em contratos que definem o término do contrato por inadimplemento como "rescisão". Dentre estas confusões está aquela encontrada na própria redação oficial da CISG em português, constante do Decreto de nº 8.327/2014. Este ora usa o termo resolução, ora o termo rescisão.

Nos artigos 49 e 64, que tratam especificamente dos remédios disponíveis ao comprador e vendedor quando do inadimplemento por uma das partes, é utilizado o termo "rescindido"[270], definição repetida nos artigos seguintes da Convenção[271] e sempre relacionada ao inadimplemento do contrato.

No entanto, segundo a terminologia explicada acima, o termo mais correto seria "resolução", específico para classificar a extinção do contrato causada pelo descumprimento de obrigações firmadas entre as partes. Talvez o motivo do equívoco decorra do próprio texto original da CISG em inglês, que utiliza a palavra *avoidance*, termo técnico que mais se aproxima do conceito rescisão, visto que se fundamenta em um erro ou problema relacionado ao momento da conclusão do contrato.[272]

[268] E. Roppo, *O contrato*, trad. port. A. Coimbra e M. J. Gomes. Coimbra, Almedina, 2009, p. 248-299; C. P. Ubaldino Miranda, *Comentários ...*, p. 417 e 425; M. M. de Serpa Lopes, *Curso de ...*, p. 198.

[269] F. C. Pontes de Miranda, *Tratado ...*, tomo XXV, p. 308; C. P. Ubaldino Miranda, *Comentários ...*, p. 423.

[270] Artigo 49 (1): *O comprador poderá declarar o contrato* ***rescindido****; Artigo 64 (1) O vendedor poderá declarar o contrato* ***rescindido*** *se:* (grifos não originais).

[271] Vide artigos 73, 75, 76, 81 e 84 da CISG.

[272] K. Saarre – K. Sein – M. A. Simovart, *The Buyer's Free Choice Between Termination and Avoidance of a Sales Contract, in* Juridica International XV, Tallinn, 2008 (43-53), p 45.

Em consonância com este entendimento, o termo *avoidance* é utilizado, por exemplo, no texto original em inglês do Capítulo 3 dos Princípios Unidroit, sobre o tema da validade dos contratos e da possibilidade de *rescindi-los* em razão de vícios que afetem a sua formação, como o erro, fraude, lesão etc. Estes vícios são chamados de *grounds for avoidance*.[273]

Diferentemente, para os casos de extinção dos contratos por inadimplemento (fase de execução do contrato), os Princípios UNIDROIT utilizam a palavra *termination*[274], a qual se apresenta como a mais apropriada e equivale ao conceito de resolução.[275]

A despeito deste equívoco conceitual, os demais dispositivos da CISG deixam claro que o termo *avoidance* possui o mesmo significado de *termination* e, portanto, deve ser entendido como *resolução* do contrato. Isso porque, as causas estabelecidas pela Convenção para dar lugar à *avoidance* são relacionadas unicamente a descumprimentos contratuais ocorridos em fase de execução contratual e também pelo fato de a Convenção, como visto anteriormente, não governar o tema da validade dos contratos, nos termos de seu artigo 4[276]. Em outros termos, os elaboradores da CISG expressamente excluíram de seu escopo o tratamento da "rescisão" contratual, deixando-o para as legislações nacionais ou demais regras de direito internacional (como o Capítulo 3 dos Princípios Unidroit).

Outra causa para a confusão entre conceitos pode ser atribuída ao uso da palavra "rescisão" pelo legislador brasileiro em diversos e distintos cenários ao longo do CCB, inclusive em casos referentes à extinção do

[273] Vide, por exemplo, artigo 3.2.5: *A party may* ***avoid*** *the contract when it has been led to conclude the contract by the other party's fraudulent representation, including language or practices, or fraudulent non-disclosure of circumstances which, according to reasonable commercial standards of fair dealing, the latter party should have disclosed.* (grifo não original).

[274] Vide, por exemplo, artigo 7.3.1(1): *A party may* ***terminate*** *the contract where the failure of the other party to perform an obligation under the contract amounts to a fundamental non-performance.* (grifo não original).

[275] Vide CISG Advisory Council Opinion nº. 5, item 2.2, versão oficial em inglês disponível em https://www.cisgac.com/cisgac-opinion-no-5/#dom, a qual usa o termo "*terminate*" para explicar o termo "*avoidance*"; K. Saarre – K. Sein – M. A. Simovart, *The Buyer's ...*, p. 45.

[276] Artigo 4: *Esta Convenção regula apenas a formação do contrato de compra e venda e os direitos e obrigações do vendedor e comprador dele emergentes. Salvo disposição expressa em contrário da presente Convenção, esta não diz respeito, especialmente: (a) à validade do contrato ou de qualquer das suas cláusulas, bem como à validade de qualquer uso ou costume; (b) aos efeitos que o contrato possa ter sobre a propriedade das mercadorias vendidas.*

contrato por inadimplemento.[277] A falta de uniformidade pelo legislador brasileiro no CCB acabou sendo refletida também na tradução oficial da CISG, que teria sido tecnicamente mais correta se utilizasse apenas o termo "resolução" em todo o texto da Convenção. Tal adequação foi feita, por exemplo, nas versões oficiais da CISG nos idiomas espanhol e francês, que utilizam respectivamente os termos *resuelto/resolución* e *résolu/résolution*.[278]

Interessante notar ainda que, a despeito da falta de uniformidade, o CCB de 2002 inovou em relação ao antigo Código Civil Brasileiro de 1916, cujo o artigo 1.092, parágrafo único, estabelecia que "*a parte lesada pelo inadimplemento pode requerer a rescisão do contrato com perdas e danos*". A partir da alteração da redação deste dispositivo para aquela do artigo 475 transcrito adiante, verifica-se a tendência atual de denominar a extinção dos contratos por inadimplemento como "resolução".

2 Resolução do Contrato: Direito Brasileiro *vs.* CISG

Esclarecida esta questão conceitual de que a extinção dos contratos em virtude de inadimplemento se dá por resolução, tanto pela CISG quanto pelo CCB, é possível iniciar a análise das diferenças e principais impactos das novas regras da CISG ao direito brasileiro. Como dito acima, em ambos os sistemas, a resolução do contrato é tratada de forma excepcional em vista da prevalência da continuidade do contrato.

No entanto, o tratamento conferido ao remédio da resolução disponível à parte ofendida pelo inadimplemento se distingue consideravelmente quand0o são comparadas as regras da CISG e aquelas existentes no ordenamento jurídico brasileiro.

No CCB, a resolução do contrato é prevista nos artigos 474 e 475, os quais estabelecem as alternativas disponíveis ao credor diante do inadimplemento do devedor, a forma de exercê-las e os efeitos da resolução, quais

[277] Vide, por exemplo, o artigo 810 do CCB: *Se o rendeiro, ou censuário, deixar de cumprir a obrigação estipulada, poderá o credor da renda acioná-lo, tanto para que lhe pague as prestações atrasadas como para que lhe dê garantias das futuras, sob pena de rescisão do contrato*; R. R. de Aguiar Junior, *A extinção ...*, p. 481.

[278] Versões oficiais da CISG disponíveis em: http://www.uncitral.org/pdf/spanish/texts/sales/cisg/V1057000-CISG-s.pdf (espanhol) e http://www.uncitral.org/pdf/french/texts/sales/cisg/V1056998-CISG-f.pdf (francês).

sejam, o desfazimento do vínculo contratual e a sujeição da parte inadimplente ao dever de indenizar:

> Artigo 474: A cláusula resolutiva expressa opera de pleno direito; a tácita depende de interpelação judicial;
>
> Artigo 475. A parte lesada pelo inadimplemento pode pedir a resolução do contrato, se não preferir exigir-lhe o cumprimento, cabendo, em qualquer dos casos, indenização por perdas e danos.

Percebe-se, porém, que o legislador não precisou os fatos constitutivos do inadimplemento e tampouco a característica deste para que se tenha lugar a resolução. Também não há previsão sobre prazo adicional para cumprimento pelo devedor, como ocorre na CISG[279]. O mais próximo disso foi a exigência da "inutilidade" da prestação para que o credor pudesse rejeitá-la, nos termos do parágrafo único do artigo 395 do mesmo diploma.[280]

Essa omissão pelo legislador poderia levar à equívoca conclusão de que qualquer inadimplemento poderia dar ensejo à resolução do contrato, desde que previamente estabelecido pelas partes ou a depender da decisão do juiz, nos termos do artigo 474 do CCB. Desse modo, é grande o trabalho doutrinário e jurisprudencial para se determinar os parâmetros necessários à classificação do inadimplemento como ensejador da resolução do contrato, ainda que de maneira não absoluta.

De modo distinto atuaram os elaboradores da CISG. Estes estabeleceram expressamente as causas de resolução do contrato para cada um dos polos da relação contratual, uma vez que o artigo 49(1) diz respeito ao direito de resolução pelo comprador, ao passo que o artigo 64(1) trata do direito específico do vendedor:

[279] A. De Assis, *Resolução...*, p. 95; R. R. De Aguiar Júnior, *Comentários ao Novo Código Civil. Da extinção do Contrato, arts. 472 a 480*, vol. VI, tomo II, coord. por S. F. Teixeira, 1ª ed., Rio de Janeiro, Forense, 2011, p. 389; C. Tiburcio, *Consequências do Inadimplemento Contratual na Convenção de Viena Sobre Venda Internacional de Mercadorias (CISG), In* Revista de Arbitragem e Mediação, vol. 37, 2013.

[280] Artigo 395: Parágrafo único. *Se a prestação, devido à mora, se tornar inútil ao credor, este poderá enjeitá-la, e exigir a satisfação das perdas e danos.*

Artigo 49

(1) O comprador poderá declarar o contrato rescindido:

(a) se o descumprimento, pelo vendedor, de qualquer das obrigações que lhe atribui o contrato ou a presente Convenção constituir violação essencial do contrato; ou

(b) no caso de falta de entrega, se o vendedor não entregar as mercadorias dentro do prazo suplementar concedido pelo comprador, conforme o parágrafo (1) do artigo 47, ou se declarar que não efetuará a entrega dentro do prazo assim concedido.

Artigo 64

(1) O vendedor poderá declarar rescindido o contrato se:

(a) o descumprimento pelo comprador de qualquer das obrigações que lhe incumbem segundo o contrato ou a presente Convenção constituir violação essencial do contrato; ou

b) o comprador não cumprir a obrigação de pagar o preço, ou não receber as mercadorias no prazo suplementar fixado pelo vendedor, de acordo com o parágrafo (1) do artigo 63, ou, ainda, declarar que não o fará no prazo assim fixado.

Verifica-se pela leitura dos artigos acima que são basicamente duas as situações que, pela CISG, resultam no direito de resolução contratual: a ocorrência de uma violação essencial do contrato; ou quando a prestação não é adimplida dentro do prazo suplementar concedido pela outra parte. Este segundo requisito é deveras objetivo e não necessita de maiores esclarecimentos. Uma vez descumprido o prazo suplementar (*Nachfrist*), surge o direito de resolução. Está a se falar de um cumprimento tardio que já fora aceito pelo credor, e que, ao ser novamente descumprido, enseja direito à resolução.[281]

Mais controverso é o requisito previsto nas alíneas (a) dos dispositivos acima transcritos relativos à ocorrência de violação essencial do contrato (*fundamental breach*, no texto original), definido no artigo 25 da CISG nos seguintes termos:

> A violação ao contrato por uma das partes é considerada como essencial se causar à outra parte prejuízo de tal monta que substancialmente a prive do resultado que poderia esperar do contrato, salvo se a parte infratora não tiver previsto e uma pessoa razoável da mesma condição e nas mesmas circunstâncias não pudesse prever tal resultado.

Como se verá adiante, devido à vagueza deste dispositivo, existe grande dificuldade entre os autores para se chegar a uma definição fechada sobre quais as condutas seriam passíveis de ser interpretadas como uma violação essencial.

Além disso, o tema é bastante sensível no âmbito do comércio internacional, uma vez que a resolução do contrato pode trazer consideráveis danos econômicos ao comércio, como, por exemplo, levar à devolução de mercadorias que já foram transportadas ao território do comprador, incorrendo a parte violadora duplamente em gastos com transportes[282]. Assim, os tribunais e doutrinadores costumam afirmar que a resolução do contrato deve ser entendida como *ultima ratio*.[283]

[281] F. C. Pontes de Miranda, *Tratado de Direito Privado. Parte Especial. Direito das Obrigações. Consequências do inadimplemento. Exceções de contrato não adimplido, ou adimplido insatisfatoriamente, e de inseguridade. Enriquecimento injustificado. Estipulação a favor de terceiro. Eficácia protetiva de terceiro. Mudança de circunstâncias. Compromisso*, tomo XXVI, Rio de Janeiro, Borsoi, 1959, p. 11.

[282] J. O. Honnold, *Uniform Law ...*, p. 236; Pace International Law Review, *Review of the Convention on Contracts for the International Sales of Goods (CISG) 2005-2006*, München, Sellier, 2007, p. 239; I. Schwenzer, *Direito de Rescindir o Contrato, In* S.S. Venosa – R.V. Gagliardi – E. O. Terashima, *A Convenção de Viena sobre Contratos de Compra e Venda Internacional de Mercadorias, Desafios e Perspectivas*, São Paulo, Atlas, 2015, p. 269.

[283] P. Huber - A. Mullis, *The CISG ...*, p. 199; F. Ferrari, *Fundamental Breach Under the UN Sales Convention: 25 years of Article 25 CISG*, 25 Journal of Law and Commerce (Spring 2006) 489-508, p. 492.

A despeito da abertura do artigo 25, que será analisado adiante, a Convenção possui diversas regras exaustivas e esparsas sobre inadimplementos contratuais a partir das obrigações do vendedor e do comprador[284]. Esta vastidão de condutas e conceitos relaciona-se ao caráter internacional da CISG, parâmetro de interpretação analisado e que, consequentemente, inexistia na legislação em vigor no Brasil antes do advento da Convenção.

O ordenamento jurídico brasileiro não prevê a necessidade de uma violação essencial do contrato para dar causa a sua resolução. No entanto, veremos adiante que a caracterização defendida pela doutrina brasileira para que o descumprimento seja digno de criar ao credor o direito à resolução se aproxima do conceito de violação essencial. Neste sentido, o estudo comparado entre os dois sistemas demonstrará que não existe entre eles um conflito material no que tange o tratamento do direito à resolução do contrato por inadimplemento. Pelo contrário, vislumbra-se como nunca a função complementadora da CISG às regras já existentes do CCB.

Para se chegar a esta conclusão, analisa-se nas seções seguintes o tema específico da violação essencial do contrato, identificando seus principais requisitos, para então proceder ao cotejo com o direito brasileiro, o qual revelará alguns conflitos formais, facilmente superados tendo por base os demais princípios de interpretativos já estudados, bem como o âmbito de aplicação da CISG.

Esclarece-se que o escopo deste capítulo restringe-se ao estudo comparativo do tratamento geral conferido ao tema da resolução do contrato por inadimplemento pela CISG e pelo CCB. Portanto, não faz parte deste estudo a análise das condutas individualizadas previstas pela CISG para o comprador ou vendedor, as quais podem ser eventualmente mencionadas apenas de modo esporádico, em sua maioria a titulo de ilustração.

Como se verá, ao lado do tema da formação dos contratos, o estudo da resolução do contrato por inadimplemento é dos mais importantes do direito privado. Além de representar a principal patologia da vida de um contrato, o assunto desperta muitas discussões em vista da subjetividade que o envolve – tanto pelas partes quanto por aquele que julgará determinada situação.

[284] Vide, por exemplo, artigos da CISG: 30 a 37, referentes às obrigações do vendedor e 53 a 60, referentes às obrigações do comprador.

3 CISG – Violação Essencial do Contrato

3.1 Conceito de Violação Essencial do Contrato

Como o próprio nome informa, é essencial a violação que afeta obrigações relacionadas aos elementos essenciais do contrato. Em se falando de contrato de compra e venda, o inadimplemento relaciona-se, de maneira geral, ao objeto que se comercializa (coisa) e suas características (qualidade e quantidade), o preço acordado, o consentimento das partes ou mais de um elemento conjuntamente.[285]

Expressado desta forma, parece simples a conceituação da violação essencial do contrato internacional de compra e venda. No entanto, esta não depende apenas de elementos objetivos, mas também de elementos subjetivos, os quais agregam uma dificuldade adicional.

O elemento referente ao consentimento entre as partes é o de maior relevância ao se estudar a definição da violação essencial, principalmente no que tange o comércio internacional, já que, na prática, fica sempre a cargo das partes determinar a importância conferida a cada obrigação firmada no contrato de compra e venda, ou seja, qual obrigação é essencial para a execução do contrato. [286]

Outra razão da dificuldade de se chegar a uma definição de violação essencial do contrato reside justamente no tema deste capítulo, na faculdade que parte prejudicada por esta violação possui para declarar a resolução do contrato.

Como afirmam M. Will e B. Audit, para o comércio internacional, a distinção feita entre a violação essencial daquela não essencial é de extrema importância, pois esta determina a vida ou a morte do contrato, daí a necessidade e a permanente batalha para precisar a aplicação deste conceito.[287]

Requer-se, em consonância com a definição trazida pelo artigo 25 da CISG, que a parte ofendida perca todas as suas expectativas em relação à continuação do contrato para que seja possível falar em resolução. Essas

[285] K. H. Neumayer – C. Ming, *Convention ...*, pp. 209 e 349 ; Para exemplos de violações essenciais, vide : I. Schwenzer, *Direito de...*pp. 271-273.

[286] P. Schelechtriem – I. Schwenzer, *Commentary on the UN Convention on the International Sales of Goods (CISG)*, 2ª ed., New York, Oxford University Press, 2005, pp. 282-283.

[287] M. Will, *in* C. M. Bianca - M. J. Bonell, *Commentary on the International Sales Law*, Milano, Giuffré, 1987, p. 207; B. Audit, *La vente ...*, p. 119.

expectativas, todavia, devem ser estabelecidas de forma específica no contrato ou, no mínimo, serem passíveis de percepção pela conduta da parte prejudicada tanto na formação quanto na execução deste.[288]

O jurista alemão P. Schlechtriem segue o mesmo entendimento ao afirmar que a definição do limite para que um contrato seja resolvido deve necessariamente se relacionar com as obrigações estabelecidas pelas partes no contrato, não podendo existir definições abstratas, as quais podem ser erroneamente interpretadas por um dos contratantes.[289]

A CISG confere, portanto, grande importância ao elemento subjetivo do contrato de compra e venda ao definir que a violação essencial ocorrerá quando o inadimplemento prive a parte ofendida daquilo que esta esperava do contrato, ou melhor, do que esta tinha direito de esperar do contrato conforme os termos acordados na conclusão deste vínculo.[290]

Devido a esta relevância do consentimento das partes, alguns autores afirmam a desnecessidade de ser a obrigação violada de natureza principal, permitindo-se, inclusive, a resolução do contrato por violação de obrigações acessórias, desde que as partes tenham consentido em defini-las como de fundamental importância para o contrato.[291] A essencialidade mais se refere ao dano e à quebra de expectativa e menos à obrigação.

Apesar de a violação essencial do contrato ser muito estudada pelos doutrinadores da CISG, não é possível se chegar a uma definição fechada sobre ela. Além disso, muitos ordenamentos jurídicos internos, assim como o brasileiro, não conhecem a figura da violação essencial, dificultando ainda mais o trabalho científico dos internacionalistas.[292]

Outros entendem que esta dificuldade é necessária, já que qualquer definição elaborada para a violação essencial do contrato deve se manter

[288] Unicitral Digest of case law on the United Nations Convention on the International Sale of Goods, 2004, art. 25 § 3; A.Björklund *in* S. Kröll – L. Mistelis – M. P. P. Viscasillas, *UN Convention on Contracts for the International Sale of Goods (CISG), Commentary*, München, Beck, 2011, p. 338.

[289] P. Schlechtriem, *Commentary...*, 2005, p. 282; P. Schlechtriem, *Uniform Sales Law – The UN Convention on Contracts for the International Sales of Goods*, Wien, Mainz, 1986, p. 58.

[290] V. Heuzé, *Traité des Contracts ...*, p. 349.

[291] V. Heuzé, *Traité des Contracts ...*, p. 349; P. Schelechtriem – I. Schwenzer, *Commentary ...*, 2005, p. 283; L. D. Picazo – P. De Leon, *La Compraventa Internacional de Mercadorías – Comentário de la Convención de Viena*, 1ed., Madrid, Civitas, 1998, p. 219; B. Audit, *La vente...*, p. 120; J. Lookofsky, *The 1980 United Nations ...*, p. 78.

[292] P. Schelechtriem – I. Schwenzer, *Commentary ...*, 2005, p. 281.

vaga a fim de abranger a maior variedade possível de situações.[293] Neste sentido, a doutrina e a jurisprudência desempenham um importante papel no que tange a determinação das hipóteses que reúnem as condições para que seja permitido à parte declarar a resolução do contrato com base na ocorrência de uma violação essencial.[294]

Com esta introdução, inicia-se uma breve descrição dos requisitos previstos no artigo 25 para que se configure a violação essencial do contrato: a privação substancial da parte prejudicada e a previsibilidade pela parte faltosa. O estudo destes requisitos será útil à última parte deste capítulo, quando da comparação entre os sistemas da CISG e direito brasileiro.

É interessante notar que cada um dos requisitos é relacionado a cada uma das partes opostas em seus aspectos subjetivos e objetivos, havendo duas ideias principais: o inadimplemento será essencial se (i) a parte ofendida sofrer um dano grave que lhe prive substancialmente daquilo que esperava do contrato, e se (ii) a parte faltosa pudesse prever que sua conduta resultaria naquele dano substancial.[295]

A ocorrência cumulativa destes dois requisitos é necessária para que se configure uma violação essencial.[296] Por conseguinte, um elemento não pode substituir o outro e sim complementá-lo, sendo duplo o ônus da prova da violação essencial que se incumbe a ambas as partes.[297] Cabe à parte que alega a violação essencial comprovar a frustração de suas expectativas, do mesmo modo que cumpre à parte inadimplente comprovar que não poderia prever a gravidade do resultado de seu inadimplemento.

Esta severa exigência para a apuração da violação essencial do contrato se dá em virtude do princípio geral da preservação do contrato internacional de compra e venda,[298] o qual também encontra respaldo no direito contratual brasileiro, baseado na *pacta sunt servanda*.

293 P. Huber, *The CISG ...*, p. 213.

294 V. Heuzé, *Traité des Contracts...*, p. 353; Vide base do CLOUT http://www.uncitral.org/uncitral/en/case_law.html, que traz o número de 105 casos referentes à aplicação do artigo 25 da CISG (acesso em 11 de janeiro de 2016).

295 V. Heuzé, *Traité des Contracts ...*, p. 348.

296 *Idem, ibidem*, p. 350.

297 M. Will *in* C. M. Bianca - M. J. Bonell, *Commentary ...*, p. 219.

298 M. P. P. Viscasillas, *El contrato de compraventa internacional de mercancia (Convención de Viena de 1980)*,1ª ed., 2001, § 173, disponível in http://www.cisg.law.pace.edu/cisg/biblio/perales1.html.

Por fim, os requisitos analisados adiante devem se relacionar diretamente com os termos individuais do contrato e dependem do valor conferido pelas partes a cada obrigação contratada.[299] Desse modo, é condição preliminar para que se configure a violação essencial o inadimplemento de uma obrigação definida no contrato, seja esta uma obrigação típica do contrato de compra e venda, seja esta uma obrigação *sui generis* à qual foi conferida especial relevância pelas partes.[300]

3.2 Privação Substancial

Este elemento essencial para que uma violação do contrato seja considerada essencial possui duas facetas. Uma faceta objetiva que poderia se traduzir por *prejuízo substancial* e outra subjetiva caracterizada pela *expectativa contratual* das partes.[301] Afinal, um prejuízo substancial deve abranger não apenas danos relativos à quantidade e qualidade, mas também a perda de confiança entre as partes, atingindo a "raiz" do contrato.[302]

No que tange a primeira faceta, a substancialidade do prejuízo é um conceito ligado ao acordo das partes expresso ou implícito no contrato e ao propósito econômico deste. Em outros termos, é relevante a vontade das partes em considerar a violação de uma determinada obrigação como essencial ou não, de acordo com os termos e objetivos contratuais.[303]

O conceito de prejuízo, para fins de configuração da violação essencial do contrato, não se confunde com as *perdas* ou *danos*, sendo inclusive mais amplo.[304] Prejuízo aqui se refere à ofensa grave aos termos contratuais

[299] P. Schlechtriem, *Uniform Sales Law...*, p. 58.

[300] P. Schelechtriem – I. Schwenzer, *Commentary...*, 2005, p. 285.

[301] L. Graffi, *Case Law on the Concept of "Fundamental Breach" in the Vienna Sales Convention*, in *Revue de droit des affaires internationales / International Business Law Journal*, No. 3, (Forum Europeén de la Communication), Paris, 2003, p. 339.

[302] J. S. Ziegel, *The Remedial Provisions in the Vienna Sales Convention: Some Common Law Perspectives, in* M. Bender , *International Sales: The United Nations Convention on Contracts for the International Sale of Goods,* Galston & Smit, 1984, pp. 14-15; J. Honnold, *Uniform Law ...*, p.186; P. Ostendorf, *International Sales ...*, p. 10; F. Ferrari, *Fundamental Breach ...*, p. 495.

[303] Pace International Law Review, *Review of the Convention on Contracts for the International Sales of Goods (CISG) 2005-2006*, München, Sellier, 2007, p. 241.

[304] L. Graffi, Case Law ..., pp. 338- 339; P. Schelechtriem – I. Schwenzer, *Commentary...*, 2005, pp. 286-287; M. Will in C. M. Bianca - M. J. Bonell, *Commentary ...*, p. 210.

elencados pelas partes de forma a eliminar qualquer expectativa de uma delas em relação ao contrato.[305]

Assim, as partes podem expressa ou implicitamente conferir uma importância especial a determinadas obrigações do contrato, com a consequência de que a violação destas será considerada essencial. Na hipótese de, todavia, não existir nenhum acordo prévio definindo tal importância, deve-se direcionar o estudo ao propósito geral daquele contrato, para se concluir se este será frustrado ou não pela violação daqueles deveres.[306]

Por conta desta característica, diz-se que a apreciação de um prejuízo e sua caracterização como substancial não é realizada pelos julgadores do caso (juízes e árbitros), mas é feita previamente, por meio do acordo das partes em definir os termos do contrato.[307] Como se verá adiante, esta independência das partes em apurar aquilo que é essencial configura talvez o principal ponto de conflito entre o regramento da CISG e aquele previsto no CCB.

Já no tocante à segunda faceta, nota-se que o interesse especial da parte em receber o cumprimento do contrato é um elemento importante para que se considere uma violação como essencial. Esse interesse especial pertence à esfera subjetiva do contrato (a expectativa contratual), a qual também não escapa ao acordo realizado entre as partes.[308]

Para que o credor tenha sua expectativa contratual gravemente lesada, é necessário que a violação cometida elimine totalmente, ou pelo menos de forma relevante, o interesse deste em continuar o contrato, não sendo mais possível lhe retirar qualquer benefício.[309]

Além disso, A. Garro defende que esta expectativa contratual deve ser também identificada de acordo com as expectativas razoáveis das partes em um contrato de compra e venda internacional, isto é, expectativas que

[305] P. Schelechtriem – I. Schwenzer, *Commentary* ..., 2005, p. 287; P. Ostendorf, *International* ..., p. 10.

[306] P. Huber – A. Mullis, *The CISG*..., p. 214.

[307] M. Will *in* C. M. Bianca - M. J. Bonell, *Commentary* ..., p.211.

[308] L. Graffi, *Case Law* ..., p. 339.

[309] U. Magnus in F. Ferrari– H. Flechtner – R. Brand, *The Draft Unicitral Digest and Beyond: Cases, Analysis and Unresolved Issues in the U.N. Sales Convention*,Müchen, European Law Publishers, 2004, p. 321; L. D. Picazo – P. De Leon, *La Compraventa* ..., p. 215; M. A. Bento Soares – R. M. Moura Ramos, *Contratos Internacionais – Compra e venda – Cláusulas Penais, Arbitragem*, reimpr., Coimbra, Almedina, 1995, p. 158.

são normalmente estabelecidas pelos compradores e vendedores da esfera do comércio internacional.[310]

Como se vê, a faceta objetiva do prejuízo substancial e a faceta subjetiva da expectativa contratual são dois conceitos que se misturam, sendo difícil a sua identificação separada, já que o prejuízo somente levará à configuração de uma violação essencial na hipótese de a parte prejudicada tiver frustrada sua expectativa contratual.[311]

As exigências para que se vislumbre a privação substancial de uma das partes são muito rígidas e detalhistas. Este acréscimo de formalidades e exigências, como já mencionado, faz-se necessário para evitar que o contrato seja resolvido por motivos frívolos, sem a configuração de uma violação consideravelmente grave para a parte ofendida.[312]

3.3 Previsibilidade

Mesmo sendo comprovada a existência de uma privação substancial pela parte ofendida pela violação, o artigo 25 estabelece que apenas há violação essencial se a parte inadimplente tiver previsto e pudesse razoavelmente prever aquele resultado prejudicial.[313]

Sendo a previsibilidade do resultado grave requisito indispensável para que se configure a violação essencial, a falta de previsibilidade pelo deve-

[310] A. Garro, *in* F. Ferrari– H. Flechtner – R. Brand, *The Draft Unicitral Digest and Beyond: Cases, Analysis and Unresolved Issues in the U.N. Sales Convention,*Müchen, European Law Publishers, 2004, p. 321; L. D. Picazo – P. De Leon, *La Compraventa ...*, p. 364.

[311] L. Graffi, *Case Law ...*, p. 339; P. Schelechtriem – P. Butler, *UN law ...*, p. 98; A.Björklund *in* S. Kröll – L. Mistelis – M. P. P. Viscasillas, *UN Convention ...*, p. 338.

[312] J. S. Ziegel, *Report ...*, § 4; J. Lookofsky, *The 1980 United ...*, p. 78.

[313] B. Audit, *La vente ...*, p. 119. Aqui cabe um breve esclarecimento quanto à literalidade do artigo 25 previsto no Decreto 8.327/2014. A primeira parte deste artigo, dispõe "*substancialmente a prive do **resultado***" e, na segunda parte, dispõe "*pudesse prever tal **resultado***", levando ao possível entendimento de que a previsibilidade seria do resultado do qual a parte inocente foi privada. No entanto, ao dispor sobre a previsibilidade, o resultado referido no artigo é o ***resultado negativo*** do inadimplemento, e não o que a parte inocente poderia esperar do contrato, que é o adimplemento. A versão original em inglês não causa esta confusão, uma vez que utilizada a palavra "resultado" apenas uma vez, ao tratar da previsibilidade *(A breach of contract committed by one of the parties is fundamental if it results in such detriment to the other party as substantially to deprive him of what he is entitled to expect under the contract, unless the party in breach did not foresee and a reasonable person of the same kind in the same circumstances would not have foreseen such a result)*.

dor permite que este se esquive das consequências trazidas pela sua ocorrência, como a resolução do contrato prevista nos artigo 49(1) e 64(1).[314]

A razão por detrás do elemento da previsibilidade é a de que a parte em inadimplemento poderia ter evitado o prejuízo no momento em que este fosse previsível.[315] Desse modo, aproxima-se ao requisito da *culpa*, uma vez que, sendo previsível (e, portanto, passível de ser evitado), a ocorrência do inadimplemento decorre da falta de diligência, prudência ou perícia do devedor.

Por este motivo, alguns autores afirmam que o elemento da previsibilidade é um filtro, o qual permite à parte faltosa escapar da alegação de violação essencial do contrato, já que a ausência de previsibilidade a exime de culpa pelo inadimplemento substancial e suas consequências.[316]

De modo contrário, P. Schlechtriem, apesar de reconhecer que o conceito de previsibilidade é de difícil definição, afirma ser errada a opinião de que a falta de previsibilidade e conhecimento é um tipo de requisito subjetivo que serve apenas para eximir a parte em inadimplemento de culpa, impedindo a resolução do contrato.[317] Para o autor, o elemento da previsibilidade é relevante para a interpretação da importância da obrigação violada e do seu significado para o credor.[318]

Tomando por base este pensamento, pode-se inferir que as circunstâncias em que a parte violadora pode invocar a não previsibilidade podem variar de acordo com o que foi definido pelas partes no contrato.[319] Isso faz com que a prova da não previsibilidade seja necessária apenas quando a importância de uma obrigação não está previamente definida nos termos do contrato, nem foi claramente discutida durante a negociação ou execução deste, já que, do contrário, tal importância seria indisputavelmente previsível.[320]

Como consequência, não há que se falar em ausência de previsibilidade quando as partes deixam claro pelos termos do contrato ou pelos métodos

[314] L. D. Picazo – P. De Leon, *La Compraventa* ..., p. 217; B. Audit, *La vente* ..., p. 119; J. Honnold, *Uniform Law* ..., p. 206.

[315] L. D. Picazo – P. De Leon, *La Compraventa* ..., p. 217.

[316] L. Graffi, *Case Law*..., p. 340; M. Will *in* C. M. Bianca - M. J. Bonell, *Commentary* ...., p. 215.

[317] P. Schlechtriem, in P. Schelechtriem – I. Schwenzer, *Commentary* ..., 2005, p. 287.

[318] *Idem, ibidem*, p. 288.

[319] L. Graffi, *Case Law*..., p. 339; P. Schlechtriem, *Uniform*..., p. 60.

[320] P. Schelechtriem – I. Schwenzer, *Commentary* ..., 2005, p. 288.

de execução deste o que é essencial para cada uma delas. O mesmo ocorre no caso de as partes, mesmo que não especificando no contrato, tenham discutido de forma especifica e clara sobre a importância de determinada obrigação.[321]

Assim como o elemento da privação substancial, a previsibilidade também possui uma faceta subjetiva (a pessoa poderia ter previsto) e outra objetiva (pessoa razoável e na mesma situação).[322]

No que tange o caráter subjetivo da previsibilidade, vale dizer que o devedor inadimplente pode alegar que internamente, no âmbito da relação contratual em questão, não poderia ter previsto que seu inadimplemento fosse capaz de causar um prejuízo tão grave à outra parte. Assim, para que haja violação essencial, o devedor deve agir com *culpa*, não tendo tomado as medidas razoáveis ou que lhe tenha faltado a diligência, prudência ou perícia necessária quando do cometimento da violação, implicando em sua responsabilização subjetiva.[323]

Devido a este forte caráter subjetivo, os doutrinadores e aplicadores do direito afirmavam que a existência do elemento da previsibilidade poderia encorajar a parte que cometeu o inadimplemento, sendo esta razoável, a alegar ignorância acerca do grande valor de determinada obrigação, e assim, evitar a resolução do contrato.[324] Desse modo, fazia-se necessária a inclusão também de fatores objetivos ao elemento da previsibilidade, uma vez que uma prova meramente subjetiva não era capaz de satisfazer as necessidades do comércio internacional.[325]

A fim de diminuir a margem para especulações, a Convenção inclui em seu artigo 25 o critério objetivo que vai além do princípio da razoabilidade. Em outros termos, não é levado em consideração apenas se uma pessoa razoável poderia prever os prejuízos, mas também se uma pessoa razoável da mesma condição e nas mesmas circunstâncias que a parte violadora poderia igualmente prevê-lo.[326]

[321] P. Schelechtriem – I. Schwenzer, *Commentary* ..., 2005, p. 288-289.

[322] L. D. Picazo – P. De Leon, *La Compraventa* ..., p. 217; A.Björklund *in* S. Kröll – L. Mistelis – M. P. P. Viscasillas, *UN Convention* ..., p. 340.

[323] L. D. Picazo – P. De Leon, *La Compraventa* ..., p. 216.

[324] M. Will *in* C. M. Bianca - M. J. Bonell, *Commentary* ..., p.215.

[325] M. Will *in* C. M. Bianca - M. J. Bonell, *Commentary* ..., pp. 215-216; L. Graffi, *Case Law...*, p. 339.

[326] J. S. Ziegel, *The Remedial,* ..., p. 18; M. Will in C. M. Bianca - M. J. Bonell, *Commentary* ..., p.217; B. Audit, *La vente* ..., p. 119.

Assim, são acrescentadas duas características à pessoa razoável considerada como parâmetro de comportamento do devedor: ser "da mesma condição", isto é, do mesmo setor comercial e exercer a mesma função; e "nas mesmas circunstâncias", o que se relaciona às condições do mercado regional e global que afetam a parte inadimplente.[327]

A importância de se limitar a analise da razoabilidade a um setor específico do comércio internacional deve ser enfatizada, pois os padrões de razoabilidade podem mudar consideravelmente de um setor a outro.[328]

M. Will resume a discussão acerca do elemento da previsibilidade afirmando que, para invocar de forma bem sucedida a não previsibilidade, a parte inadimplente, seja o vendedor ou comprador, deve provar três coisas: primeiro, que ele próprio não podia prever a privação substancial da outra parte (subjetivo); segundo, que uma pessoa razoável do seu mesmo tipo e nas mesmas circunstâncias também não teria previsto (objetivo); e terceiro, que estas pessoas não tinham razão para prever tal dano (subjetivo e objetivo).[329]

Outra questão que surge ao se estudar o elemento da previsibilidade é o tempo, isto é, a definição do momento da vida do contrato em que o evento danoso poderia ter sido previsto pela parte faltosa.

O artigo 25 da CISG não estabelece expressamente o momento em que o inadimplente deveria prever as consequências prejudiciais para a outra parte. Entretanto, na Uncitral e na Conferência de 1980 alguns delegados propuseram que as circunstâncias causadoras de um prejuízo devem ser previsíveis no momento em que o contrato foi celebrado a fim de caracterizar a violação essencial.[330]

Nesta conferência, todavia, decidiu-se que essa restrição não deveria ser imposta como regra e que o momento da previsão deve ser analisado no caso concreto.[331] Tal abertura também acabou por dividir a doutrina sobre o tema.

A maioria dos autores entende que o momento para se determinar as circunstâncias causadoras do prejuízo é o momento da conclusão do con-

[327] L. Graffi, *Case Law* ..., p. 340; M. Will *in* C. M. Bianca - M. J. Bonell, *Commentary* ..., p. 218.

[328] L. Graffi, *Case Law* ..., p. 340.

[329] *in* C. M. Bianca - M. J. Bonell, *Commentary* ..., pp. 215-216.

[330] J. O. Honnold, *Uniform Law*..., p. 220; M. Will *in* C. M. Bianca - M. J. Bonell, *Commentary* ..., p. 215.

[331] J. S. Ziegel, *The Remedial* ..., p. 19; J. O. Honnold, *Uniform Law* ..., p. 220.

trato. Isso porque, este é o momento decisivo em que as partes cristalizam os seus interesses e, portanto, as obrigações de essencial importância para cada uma delas.[332]

Além disso, é no momento da celebração que se determinam os riscos aos quais as partes contratantes estão sujeitas. Por este motivo, quando uma parte comete uma violação, a substancialidade do dano causado apenas se configura com base naquilo que foi estabelecido previamente. No caso de existirem mudanças supervenientes, estas devem ser prontamente incluídas no contrato, por exemplo, na forma de aditivos contratuais de modo a representar um novo momento de conclusão.[333]

Aqueles contrários a esta posição afirmam que, de acordo com o princípio da boa-fé, as informações e acontecimentos supervenientes à conclusão do contrato devem ser levados em conta para fins de alegação da previsibilidade do prejuízo substancial.[334]

Ao se analisar estas opiniões doutrinárias, concordamos com a posição majoritária de se estabelecer o momento da conclusão do contrato como o momento da previsão do resultado da violação. Como visto no capítulo anterior, a CISG confere grande importância à fase de formação dos contratos e, portanto, aos dispositivos ali definidos para a eleição dos principais interesses que, por sua vez, vinculam as partes.

No entanto, vale ressaltar que observado o princípio da boa-fé, analisado na parte introdutória deste trabalho e que norteia os contratos internacionais de compra e venda, não se pode deixar de levar em consideração acontecimentos posteriores à conclusão do contrato que venham a demonstrar a importância de determinada obrigação. Esta consideração, todavia, deve ter caráter excepcional para não ferir obrigatoriedade dos termos contratados.

[332] P. Schelechtriem – I. Schwenzer, *Commentary* ..., 2005, pp. 290-291; P. Schlechtriem, *Uniform* ..., p. 60; P. Schelechtriem – P. Butler, *UN law* ..., p. 98; U. Magnus *in* F. Ferrari– H. Flechtner – R. Brand, *The Draft* ..., p. 324; V. Heuzé, *Traité des Contracts* ..., p. 350; A.Björklund *in* S. Kröll – L. Mistelis – M. P. P. Viscasillas, *UN Convention* ..., p. 342.

[333] U. Magnus *in* F. Ferrari– H. Flechtner – R. Brand, *The Draft* ..., p. 324; V. Heuzé, *Traité des Contracts* ..., p. 350; A.Björklund *in* S. Kröll – L. Mistelis – M. P. P. Viscasillas, *UN Convention* ..., p. 342.

[334] L. Graffi, *Case Law*..., p. 340; M. Will *in* C. M. Bianca - M. J. Bonell, *Commentary* ..., p. 220; J. Honnold – H. Flechtner, *Uniform Law* ..., p. 278.

4 Substituição e Complementação da CISG ao Direito Brasileiro

4.1 Inadimplemento Absoluto

Diferentemente da CISG, o CCB não diferencia a natureza do inadimplemento necessário a causar a resolução do contrato. Conforme mencionado anteriormente, os dois únicos artigos que tratam do tema apenas estabelecem regras formais sobre como se opera a resolução do contrato, se de pleno direito ou mediante interpelação judicial, a alternativa disponível ao credor de pedir o cumprimento específico do contrato pelo devedor, e o dever de indenizar o credor pelas perdas e danos sofridos em razão do inadimplemento.

Não há menção sobre a gravidade do inadimplemento, como é feito pela CISG no tocante à violação essencial, levando à conclusão preliminar de que qualquer violação ensejaria a resolução do contrato. Tal conclusão, todavia, é equivocada, tendo a doutrina e a jurisprudência brasileira desenvolvido a diferenciação entre o inadimplemento *relativo* (ou mora) e o inadimplemento *absoluto* ou *definitivo*, sendo que apenas este último autoriza a resolução do contrato pelo credor.[335]

No inadimplemento relativo, ou simplesmente mora, a obrigação deixa de ser cumprida no lugar, no tempo ou pelo modo convencionado no contrato, consoante dispõe o artigo 394 do CCB.[336] Apesar disso, o cumprimento daquela obrigação pelo devedor continua sendo possível, devendo este indenizar o credor pelos prejuízos causados, bem como demais consectários contratuais e legais previstos no artigo 395 do CCB.[337]

[335] A. De Assis, *in* A. De Assis – R. A. De Andrade – F. G. Pessoa Alves, *Comentários ...*, p. 611; A. De Assis, *Resolução ...*, p. 103; R. R. De Aguiar Júnior, *Comentários ...*, p. 570; A. Alvim, *Da Inexecução das Obrigações e suas Consequências*, 4ª ed., São Paulo, Saraiva, 1972, p. 158; C. Costa De Lima, *Reflexões sobre a resolução do contrato na nova teoria contratual, in*, C. L. Marques, *A Nova Crise do Contrato, Estudos sobre a Nova Teoria Contratual*, São Paulo, Revista dos Tribunais, 2007, p. 508; R. R. de Aguiar Junior, *A extinção ...*, p. 502.

[336] Artigo 394: *Considera-se em mora o devedor que não efetuar o pagamento e o credor que não quiser recebê-lo no tempo, lugar e forma que a lei ou a convenção estabelecer*; W. B. Monteiro, *Curso de Direito Civil, v.4: direito das obrigações*, 1ª parte. 32 ed. atualizada por C. A. Dabus Maluf. São Paulo, Saraiva, 2003, p. 325.

[337] Artigo 395: *Responde o devedor pelos prejuízos a que sua mora der causa, mais juros, atualização dos valores monetários segundo índices oficiais regularmente estabelecidos, e honorários de advogado*; R. R. de Aguiar Junior, *A extinção ...*, p. 505-506.

Já o inadimplemento absoluto se apresenta quando a obrigação não foi e nem poderá mais ser cumprida pelo devedor. Como referido no início deste capítulo, o parágrafo único do artigo 395 do CCB traz a noção de "inutilidade" da prestação para que o credor possa rejeitá-la. Mas os autores falam também em inexecução definitiva, irrecuperabilidade, inviabilidade ou irreversibilidade da mora, não sendo possível a purga pelo devedor.[338]

À semelhança do conceito de violação essencial trazido pela CISG, o inadimplemento absoluto pressupõe a ofensa e a perda substancial do interesse do credor pela prestação. Ou seja, quando se fala em impossibilidade da prestação, não se refere unicamente ao perecimento do objeto, mas muito mais à utilidade ao credor e ao interesse deste em ainda obter aquela prestação e continuar vinculado ao contrato.[339]

A consequência disso é que tanto o inadimplemento absoluto quanto a violação essencial podem ocorrer inclusive mediante o descumprimento de obrigações acessórias do contrato[340], pois o que está em jogo é o interesse do credor e a necessidade da manutenção do equilíbrio das partes no contexto do contrato, com a equivalência entre as correspectivas prestações.[341]

De qualquer modo, para que a violação de uma obrigação acessória possa caracterizar uma violação essencial ou inadimplemento absoluto, esta deve estar fortemente ligada à obrigação principal e ser facilmente identificada como relevante no contrato[342]. Em se tratando de contrato sujeito à CISG, a violação deve ainda, como analisado logo acima, cumprir os requisitos da substancialidade e previsibilidade do prejuízo causado.[343]

Mas a perda do interesse não pode ser avaliada apenas em termos subjetivos, já que isso abriria espaço para arbitrariedades e injustiças que vão

[338] W. B. Monteiro, *Curso de* ..., p. 325; A. De Assis, *Resolução* ..., p. 101; A. De Assis, *in* A. De Assis – R. A. De Andrade – F. G. Pessoa Alves, *Comentários* ..., p. 632; F. C. Pontes de Miranda, *Tratado* ..., tomo XXVI, p. 9.

[339] R. R. de Aguiar Junior, *A extinção* ..., p. 503-505; C. Costa De Lima, *Reflexões* ..., p. 510; TJSP, AC nº 1017284-39.2016.8.26.0003, Rel. Des. Hamid Bdine, j. 27/04/2017.

[340] A. De Assis, *Resolução* ..., p. 110-111; L. A. Dimatteo *et. al*, *International* ..., pp. 148-149; U. Magnus, *The Remedy of Avoidance of Contract Under CISG - General Remarks and Special Cases*, 25 Journal of Law and Commerce (2005-06), pp. 434-435; R. R. de Aguiar Junior, *A Convenção* ..., p. 214.

[341] R. R. de Aguiar Junior, *A extinção* ...., p. 445.

[342] Schelechtriem – I. Schwenzer, *Commentary* ..., p. 436; Schelechtriem – P. Butler, *UN law*..., p. 99; K. H. Neumayer – C. Ming, *Convention* ..., p. 214.

[343] F. Ferrari, *Fundamental* ..., p. 493.

de encontro ao princípio da manutenção do contrato. Por este motivo, o prejuízo ao interesse do credor também deve ser medido em termos objetivos, observando-se a gravidade da violação.[344]

Fala-se em inadimplemento grave também nos casos de contrato a termo essencial, nos quais a prestação deve ser cumprida em determinada data, sendo flagrante a perda de sua utilidade para o credor quando a data prevista é desrespeitada.[345]

O desenvolvimento deste requisito objetivo da gravidade no Brasil também tem por base o Código Civil Italiano, que expressamente estabeleceu que o inadimplemento de pequena monta não poderia dar causa à resolução[346], ao contrário do CCB, que se manteve omisso neste aspecto. Esta assertiva legal é, nas palavras de E. Roppo, de extrema importância para que se proteja o bom andamento do tráfico comercial.[347]

Essa característica do inadimplemento grave suscetível de resolução do contrato também se assemelha à figura da violação essencial prevista pela CISG que requer a existência de uma privação substancial, elemento objetivo.

Assim, apesar da ausência de dispositivo legal no direito brasileiro que contemple os requisitos do inadimplemento capaz de extinguir o contrato, verifica-se, pelas características apontadas pela doutrina, que existe uma clara convergência entre os dois sistemas. Tanto o elemento da privação substancial como o da previsibilidade do inadimplemento são requisitos que também se aplicam à configuração do inadimplemento absoluto do direito brasileiro, por não serem a ele contrapostos.

Mesmo o requisito da previsibilidade está intrinsecamente relacionado à necessidade de que a parte inadimplente haja com culpa, requisito do inadimplemento absoluto voluntário.

A partir disso, chega-se a uma primeira conclusão importante de que a CISG, através da figura da violação essencial do contrato, complementa

[344] A. De Assis, *Resolução* ..., p. 109; E. Roppo, *O contrato* ..., p. 266.

[345] Segundo R. R. de Aguiar Junior, o direito de resolução do credor nos contratos a termo essencial prescindiria inclusive de interpelação judicial, por ser a evidente a extinção do contrato. Vide, R. R. de Aguiar Júnior, *Comentários* ..., p. 382.

[346] Artigo 1.455: *Il contratto non si può risolvere se l'inadempimento di una delle parti ha scarsa importanza, avuto riguardo all'interesse dell'altra.* Tradução livre: *o contrato não pode ser resolvido se o inadimplemento de uma das partes é de pouca importância, dado o interesse da outra parte.*

[347] E. Roppo, *O contrato* ..., p. 266.

de forma harmoniosa o direito contratual brasileiro, em especial os dispositivos do CCB que não contemplam maiores explicações sobre a natureza do inadimplemento capaz de permitir a resolução do contrato. Esta complementação reflete no ordenamento jurídico interno aquilo que a doutrina e jurisprudência brasileira já vinham desenvolvendo ao longo do tempo.[348]

Nunca é demais relembrar que a CISG possui seu âmbito de aplicação restrito aos contratos internacionais de compra e venda, enquanto que o CCB possui um escopo muito mais amplo. Nada impede, todavia, que os aplicadores do direito, sejam os doutrinadores, os julgadores ou mesmo as partes de um contrato, possam se utilizar da maior especificidade da CISG na interpretação dos requisitos para resolução de outros contratos nacionais de natureza comercial.

Desse modo, as novas regras da CISG não se aplicam diretamente aos contratos que não contemplem uma compra e venda internacional, mas servem como importante fonte interpretativa, já que foi elaborada para ser aplicada aos diversos ordenamentos jurídicos. Assim como os princípios e regras gerais do Código de Defesa do Consumidor, por vezes utilizados na interpretação de dispositivos genéricos do CCB, as regras da CISG também podem ser utilizadas dessa maneira, em especial nos casos em que o direito brasileiro positivado carece de maior detalhamento, como é o caso do tema referente ao inadimplemento contratual.

A mesma convergência não se verifica, todavia, na operacionalização do direito à resolução contratual, como se passa a analisar.

4.2 Resolução do Contrato por Inadimplemento

Ambas as figuras da violação essencial do contrato e do inadimplemento absoluto despertam a atenção aos juristas dedicados ao estudo das obrigações por garantirem à parte prejudicada o direito de resolução do contrato, a qual é a consequência mais grave e excepcional para a vida do vínculo obrigacional.[349] Pela CISG, este direito à resolução decorre do próprio texto convencional (artigos 49(1) e 64(1) transcritos anteriormente), previ-

[348] Vide, por exemplo, acórdão do Superior Tribunal de Justiça, que reflete esta convergência antes mesmo da ratificação da CISG: STJ, REsp. n. 272.739, MG, Rel. Min. Ruy Rosado de Aguiar Júnior, D. J. de 01/03/2001.

[349] M. Will *in* C. M. Bianca - M. J. Bonell, *Commentary* ..., p. 362.

são inexistente no CCB que apenas possui regras formais sobre o assunto. Passa-se a analisar como se operacionaliza o exercício deste direito à resolução do contrato em ambos os sistemas.

Pela leitura dos artigos da CISG acima mencionados, percebe-se que estes conferem à parte afetada pela violação essencial a faculdade de resolver o contrato sem a necessidade de levar o caso à verificação de um juiz ou árbitro.[350] Por este motivo, estes dispositivos devem ser interpretados restritivamente.[351]

A presença do termo *poderá* nos dispositivos mencionados também determina que a resolução do contrato não ocorre *ipso facto* (automaticamente, sem a necessidade de notificação), mas somente com a configuração de alguns requisitos, já que, de outro modo, seria incerto para as partes reconhecerem quais as circunstâncias em que surge esta faculdade de resolver o contrato.[352] Os principais requisitos são, primeiramente, a existência de uma violação essencial e a denúncia pela parte ofendida, a qual deve seguir algumas regras.[353]

No que tange a exigência da violação essencial, é importante retomar a necessidade de se fazer um balanço entre os interesses das partes, isto é, levar em consideração tanto o interesse da parte prejudicada em resolver o contrato, quanto as razões econômicas, custos de transportes e riscos que esta resolução – ao restabelecer as partes ao *status quo ante* – possa vir a causar.[354]

[350] A. Kazimierska, *The Remedy of Avoidance under the Vienna Convention on the International sales of Goods*, Pace Review of the Convention on Contracts for the International Sale of Goods, Kluwer Law International, (1999-2000), p. 117; P. Schelechtriem – P. Butler, *UN law ...*, pp. 144-145.

[351] P. Ostendorf, *International ...*, p. 23; B. K. Leisinger, *Fundamental ...*, p. 32.

[352] U. Magnus, The Remedy ..., p. 425; P. Ostendorf, International ..., p. 11; M. A. Bento Soares – R. M. Moura Ramos, Contratos Internacionais ..., p. 122; R. R. de Aguiar Junior, A Convenção ...., p. 213.

[353] U. Magnus, *The Remedy...*, p. 424.

[354] Parecer nº 5 do CISG-AC, *O direito de resolução contratual pelo comprador na hipótese de desconformidade de mercadorias ou documentos*, 7 de maio de 2005. Relatora: Prof. I. Schwenzer, LLM, Professora de Direito Privado, Universidade da Basileia, Suíça. Adotada pelo CISG-AC na 9ª reunião realizada na Philadelphia, sem divergência, trad. port. L. E. Veronese, disponível em: http://www.cisg-brasil.net/downloads/cisgac/op5.pdf; Müller-Chen in P. Schelechtriem – I. Schwenzer, *Commentary on the UN Convention on the International Sale of Goods (CISG)*, 3ª ed., München, Beck, 2010, p. 750.

Além disso, o parecer nº 5 do CISG Advisory Council enumerou outros fatores a serem considerados no que tange o requisito da violação essencial, que são os termos do contrato, o propósito para o qual os bens foram negociados e se a não conformidade (aqui entendida de maneira ampla) pode ser reparada.[355]

Outro requisito para que se possa exercer o direito de resolução é o da denúncia, a qual, para ser efetiva, deve ser realizada por meio de um aviso prévio ou notificação à outra parte.[356] Essa exigência está prevista nos artigos 26 da CISG que estabelece que *"a declaração de resolução do contrato tornar-se-á eficaz somente quando notificada por uma parte à outra"*.

A despeito de este artigo não prever uma forma específica para a declaração de resolução (denúncia do contrato), exige-se que a parte deixe claro por meio desta que não tem mais interesse na continuação do contrato devido à gravidade do inadimplemento cometido.[357]

Também no tocante à denúncia, esta deve ser realizada em tempo razoável, isto é, logo após o momento em que a parte teve ou deveria ter tido conhecimento da violação essencial. De outro modo, a parte perde seu direito de resolver o contrato.[358] No entanto, se devidamente expedida, o risco de não chegar ao destino é do destinatário e, na hipótese de não recebimento, o contrato reputa-se resolvido desde a expedição.[359]

A exigência de notificação representa uma evolução da CISG se comparada à sua antecessora, a ULIS de 1964, pela qual o contrato poderia ser resolvido pelo comprador ou vendedor *ipso facto* na hipótese de o inadimplemento resultar em violação essencial[360]. Além disso, como a ULIS não trazia uma definição sobre a figura da violação essencial, a CISG também

[355] Parecer nº 5 do CISG-AC, itens 1 a 3.

[356] J. Honnold – H. Flechtner, *Uniform Law...*, p. 503.

[357] J. Lookofsky, *Understanding ...*, pp. 119-120.

[358] M. Will *in* C. M. Bianca - M. J. Bonell, *Commentary ...*, pp. 467 e 472.

[359] *Idem, ibidem*, p. 361. Conforme artigo 27 da CISG: *Salvo disposição expressa em contrário nesta Parte da Convenção, se qualquer notificação, pedido ou outra comunicação for feita por uma das partes de conformidade com esta Parte da Convenção, por meios adequados às circunstâncias, o atraso ou erro na transmissão de ou o fato de não ter chegado a seu destino não prejudicará o direito desta parte de valer-se da referida comunicação.*

[360] Vide, por exemplo, artigo 26(1) da ULIS 1694: *Where the failure to deliver the goods at the date fixed amounts to a fundamental breach of the contract, the buyer may either require performance by the seller or declare the contract avoided. He shall inform the seller of his decision within a reasonable time,* ***otherwise the contract shall be ipso facto*** avoided. (grifo não original)

inovou ao trazer critérios objetivos para sua configuração no artigo 25, não deixando a avaliação decisória unicamente a cargo do subjetivismo do credor.

Os efeitos que decorrem da resolução do contrato estão descritos no artigo 81 da CISG, sendo estes muito semelhantes aos previstos pelo CCB:

> Artigo 81
>
> (1) A rescisão do contrato liberará ambas as partes de suas obrigações, salvo a de indenizar as perdas e danos que possam ser devidas. Todavia, a rescisão não prejudicará as disposições contratuais a respeito da solução de controvérsias, nem qualquer outra estipulação do contrato que regule os direitos e obrigações das partes em caso de rescisão.
>
> (2) A parte que tiver cumprido total ou parcialmente o contrato poderá reclamar da outra parte a restituição daquilo que houver fornecido ou pago nos termos do contrato. Se ambas as partes estiverem obrigadas a restituir, deverão fazê-lo simultaneamente.

O principal efeito decorrente da resolução do contrato, assim como no direito brasileiro, é o de liberar as partes de suas obrigações dentro do contrato original, levando as partes à situação mais próxima do *status quo ante*. Em outros termos, o vendedor não tem mais a obrigação de entregar as mercadorias e documentos relevantes, assim como o comprador também está livre de pagar por estas.[361]

No entanto, de acordo com a CISG, apesar de a resolução do contrato extinguir aquele determinado vínculo contratual inadimplido, o contrato muda o seu curso, pois outras obrigações passam a subsistir no que diz

[361] M. Will *in* C. M. Bianca - M. J. Bonell, *Commentary...*, p. 468; F. Mohs *in* P. Schelechtriem – I. Schwenzer, *Commentary on the UN Convention on the International Sale of Goods (CISG)*, 3ª ed., München, Beck, 2010, p. 908; C. Fountoulakis *in* P. Schelechtriem – I. Schwenzer, *Commentary on the UN Convention on the International Sale of Goods (CISG)*, 3ª ed., München, Beck, 2010, pp. 1101-1102; J. Vilus, *Provisions Common to Seller and Buyer, in* P. Sarcevic – P. Volken, *International Sales of Goods, Dubrovnik Lectures*, New York, Oceana, 1986, p. 256; R. R. de Aguiar Junior, *A extinção...*, p. 508; M. M. de Serpa Lopes, *Curso de ...*, p. 198 e 203; R. R. de Aguiar Júnior, *Comentários...*, p. 392.

respeito ao pagamento de perdas e danos e as cláusulas sobre a resolução de controvérsias.[362] Isso ocorre porque estas cláusulas são firmadas pelas partes para se aplicarem ainda que o contrato não exista mais, possuindo caráter autônomo em relação ao contrato. Em razão desta especificidade, diz-se que a discussão sobre se a resolução opera *ex tunc* ou *ex nunc* é irrelevante no âmbito da CISG.[363]

Estas obrigações que continuam a existir elencadas no artigo 81 não devem ser entendidas como uma lista exaustiva, podendo subsistir outras obrigações como, por exemplo, aquelas de preservação dos bens até o momento da restituição, manter a confidencialidade das informações, devolver documentos importantes, e demais obrigações acessórias que precisam ser adimplidas mesmo após a resolução contratual.[364]

Afirma-se, ainda, que os efeitos da resolução não podem ser retroativos nos casos de contratos de prestação continuada.[365] Nas demais hipóteses, entretanto, estes efeitos costumam e devem, a depender da natureza da transação, retroagir.

Por este motivo, em relação aos efeitos da resolução, o mais correto seria afirmar que, tanto pela CISG quanto pelo CCB, as partes são liberadas de suas obrigações principais (efeito liberatório) em relação ao futuro e, em relação ao passado, há o efeito retroativo e recuperatório, tendo as partes de restituir o que foi pago por força do contrato se assim for possível e exigido pela parte interessada.[366]

362 P. Schelechtriem – P. Butler, *UN law...*, p. 230; No mesmo sentido, M. Will *in* C. M. Bianca - M. J. Bonell, *Commentary ...*, p. 468.

363 Parecer nº 9 do CISG-AC, *Consequências da Rescisão do Contrato.* Relator: Prof. M. Bridge, London School of Economics, Londres, Reino Unido. Adotada pelo CISG-AC na sua 12ª reunião realizada em Tokyo, Japão, em 15 de novembro de 2008, trad. port. P. Martini, disponível em: http://www.cisg-brasil.net/downloads/cisgac/op9.pdf, Introdução, 1.4. *A questão quanto a se um contrato é rescindido retrospectivamente ou prospectivamente dividiu sistemas legais, mas não é uma questão que deva ser considerada no âmbito da Convenção, tendo em vista a forma explícita com que a Convenção prevê os efeitos da rescisão.*

364 C. Fountoulakis *in* P. Schelechtriem – I. Schwenzer, *Commentary...*, pp. 1104-1105; J. F. Morrissey – J. M. Graves, *International Sales ...*, pp. 236-237; A. Kazimierska, *The Remedy...*, p. 145.

365 P. Ostendorf, *International...*, p. 24; H. Sivesand, *The Buyer's Remedies for Non-ConforMing Goods, Should there be Free Choice or are Restrictions Necessary?*, München, Sellier, 2005, p. 70; R. R. de Aguiar Junior, *A Convenção ...*, p. 217.

366 Conforme artigo 81(2); D. Tallon *in* C. M. Bianca - M. J. Bonell, *Commentary on the International Sales Law*, Milano, Giuffré, 1987, p. 601; R. R. de Aguiar Junior, *A extinção...*, p. 508;

Apesar de ser a consequência mais grave para a vida do contrato, a possibilidade de resolução mediante a ocorrência de uma violação essencial costuma levar a abusos. Muitos compradores ou vendedores se baseiam nestes dispositivos da CISG no encalço de pôr fim ao contrato não observando a natureza excepcional desta medida.[367]

Por este motivo, os tribunais têm demonstrado grande relutância em conferir à parte prejudicada por uma violação o direito de resolver o contrato, reconhecendo este direito como a *ultima ratio*, ou último recurso disponível, e impondo outras medidas ao credor, como, por exemplo, a redução dos preços das mercadorias.[368]

O regramento previsto pelo CCB para que o credor ofendido pelo inadimplemento se socorra da resolução do contrato difere-se substancialmente deste que acaba de ser exposto para a CISG por ser, em resumo, mais judicializado.

De acordo com o direito contratual brasileiro, duas são as formas em que se opera a resolução do contrato em virtude de inadimplemento voluntário (ainda que absoluto): mediante prévio acordo contratual expresso ou por interpelação judicial, nos termos do artigo 474 do CCB.

Desse modo, mesmo diante de um inadimplemento abosluto, a faculdade de resolver o contrato *ipso iure* apenas é conferida ao credor por meio de dispositivo contratual específico, a cláusula resolutiva expressa, que determina quais as condutas que permitem a utilização deste remédio pela parte inocente.[369] É o pacto expresso entre as partes, inserido no contrato de compra e venda, que irradia o direito formativo resolutivo.[370] Não estando prevista de forma expressa, a conduta faltosa apenas cria a pre-

R. R. de Aguiar Junior, *A Convenção...*, p. 217; TJSP, AC nº 0028720-14.2009.8.26.0114, Rel. Des. Maia da Cunha, j. 21/02/2017.

367 M. Will *in* C. M. Bianca - M. J. Bonell, *Commentary...*, p. 363.

368 J. Lookofsky, *The 1980...*, p. 122; U. Magnus, *The Remedy...*, pp. 423-424; H. Sivesand, *The Buyer's ...*, p. 237; Vide casos: Supremo Tribunal Federal, Alemanha, Bundesgerichtshof, VIII ZR 51/95, 3 de Abril de 1996, Clout Case 171; Tribunal Federal Suiço, (Departamento Civil), Suiça, Schweizerisches Bundesgericht (I. Zivilabteilung), 4C.179/1998, 28 de Outubro de 1998, Clout Case 248.

369 A. De Assis, *in* A. De Assis – R. A. De Andrade – F. G. Pessoa Alves, *Comentários...*, p. 582; F. C. Pontes de Miranda, *Tratado...*, tomo XXXIX, p. 349; R. R. de Aguiar Junior, *A Convenção ...*, p. 213.

370 F. C. Pontes de Miranda, *Tratado...*, tomo XXXVIII, p. 333; C. P. Ubaldino Miranda, *Comentários...*, p. 424.

tensão, o direito de propor ação judicial para obtenção de uma sentença constitutiva negativa de resolução do contrato.[371]

Ou seja, quando a conduta da parte se encaixa a uma das hipóteses estabelecidas contratualmente, basta a manifestação de vontade pela parte adimplente (denúncia) para que o contrato seja resolvido[372-373]. Nas demais hipóteses, todavia, além da manifestação da vontade do interessado no desfazimento da relação descumprida, é preciso que esse direito seja deduzido em ação. A lei fala em cláusula resolutiva tácita, pois a causa da resolução estaria implicitamente inserida no contrato.[374] Nestes casos, nas palavras de R.R. Aguiar Junior, "*ao exercício do direito formativo pelo titular deve juntar-se o ato estatal do juiz, e só então se tem por resolvida a relação*".[375]

Disso decorre que caberá ao autor da ação o ônus de provar que houve um inadimplemento absoluto voluntário cometido pela outra parte, perdendo por completo o interesse naquela prestação em vista da gravidade e do desequilíbrio contratual causado pelo inadimplemento, tornando-a inútil para os seus propósitos.[376]

Diversamente do previsto pela CISG, pelo qual cabe ao interessado a decisão sobre se o inadimplemento – observados os requisitos subjetivos e objetivos do artigo 25 – corresponde a uma violação essencial, pelo artigo 474 do CCB, esta decisão caberá ao juiz ou ao árbitro. Este deverá estar convencido, a partir das provas apresentadas pelo credor adimplente, que o único remédio admissível para aquele contrato é a sua resolução, visto que a possibilidade de prestar pelo obrigado foi eliminada em vista do interesse envolvido naquela relação obrigacional.[377]

[371] F. C. Pontes de Miranda, *Tratado...*, tomo XXXIX, p. 355; F. C. Pontes de Miranda, *Tratado...*, tomo XXV, p. 336; C. P. Ubaldino Miranda, *Comentários...*, p. 430; M. M. de Serpa Lopes, *Curso de...*, p. 202.

[372] F. C. Pontes de Miranda, *Tratado...*, tomo XXV, p. 319; R. R. De Aguiar Júnior, *Comentários...*, p. 381.

[373] Ressalta-se que, mesmo nos casos em que há cláusula resolutiva expressa, é possível que o credor deva buscar a satisfação de seu direito judicialmente, no caso de o devedor inadimplente deixar de reconhecer a resolução ou de atender às obrigações relacionadas à resolução do contrato. Vide: F. C. Pontes de Miranda, *Tratado ...*, tomo XXXVIII, p. 334; C. P. Ubaldino Miranda, *Comentários...*, p. 427.

[374] C. P. Ubaldino Miranda, *Comentários...*, p. 427.

[375] R. R. de Aguiar Júnior, *Comentários...*, p. 459.

[376] A. De Assis, *Resolução ...*, p. 114; C. P. Ubaldino Miranda, *Comentários ...*, p. 424.

[377] A. De Assis, *Resolução ...*, p. 114; G. Tepedino – H. H. Barboza – M. C. Bodin de Moraes, *Código Civil Interpretado Conforme a Constituição da República*, vol. II, São Paulo, Renovar, 2006,

A partir desta contradição entre os dois regramentos, vislumbra-se que a entrada em vigor da CISG trouxe alterações relevantes ao tratamento jurídico do tema da extinção dos contratos, regulado até 2014 pelo CCB. E, sendo a CISG aplicável de forma direta aos contratos internacionais de compra e venda, tais alterações são recebidas, a nosso ver, de maneira muito positiva. Além disso, a entrada em vigor da CISG aproxima o direito brasileiro aos demais ordenamentos de *civil law*, que também preveem o direito de resolução do contrato sem a necessidade de interpelação judicial.[378]

Antes da CISG entrar em vigor, não era permitido às partes de um contrato de compra e venda internacional regido pela lei brasileira[379] meramente declarar a resolução do contrato em caso de inadimplemento, ainda que absoluto, a não ser naqueles casos expressamente previstos em lei ou no contrato. Necessitavam estas de recorrer ao Poder Judiciário ou ao tribunal arbitral, a depender da cláusula de solução de controvérsias acordada entre as partes, para obter uma decisão para a dissolução do contrato, eventuais restituições, bem como para o pagamento de indenização pelas perdas e danos sofridos.[380]

Estas regras implicavam dificuldades ao funcionamento do comércio internacional, caracterizado pelo seu dinamismo e complexidade, que exige regras mais práticas à adaptação do vínculo obrigacional às diversas

p. 342-343; E. Roppo, *O contrato ...*, p. 266.

378 Vide Artigo 1.454 do Código Civil Italiano: *Alla parte inadempiente l'altra può intimare per iscritto di adempiere in un congruo termine , con dichiarazione che, decorso inutilmente detto termine, il contratto s'intenderà senz'altro risoluto. Il termine non può essere inferiore a quindici giorni, salvo diversa pattuizione delle parti o salvo che, per la natura del contratto o secondo gli usi, risulti congruo un termine minore. Decorso il termine senza che il contratto sia stato adempiuto, questo è risoluto di diritto.* Tradução livre: *A outra parte pode notificar a parte inadimplente por escrito o cumprimento de um prazo razoável, com a declaração de que, uma vez expirado o prazo, o contrato será certamente resolvido. O prazo não pode ser inferior a quinze dias, salvo acordo em contrário entre as partes ou, a menos que, devido à natureza do contrato ou de acordo com os usos, um termo inferior seja apropriado. Uma vez que o prazo tenha expirado sem que o contrato seja cumprido, este sera resolvido de pleno direito.* Vide também § 324 do BGB: *Verletzt der Schuldner bei einem gegenseitigen Vertrag eine Pflicht nach § 241 Abs. 2, so kann der Gläubiger zurücktreten, wenn ihm ein Festhalten am Vertrag nicht mehr zuzumuten ist.* Tradução livre: *Em um contrato bilateral, ao descumprir o devedor uma obrigação conforme § 241 paragrafo 2, pode o credor resolver o contrato, quando não seja mais possível presumir sua adesão a este.*

379 Seja pela escolha expressa das partes, seja pelos critérios gerais de Direito Internacional Privado, em especial, aqueles estabelecidos pela LINDB.

380 Artigo 475 do CCB; E. Roppo, *O contrato...*, p. 265-266; W. B. Monteiro, *Curso de...*, p. 315.

situações e, acima de tudo, regras uniformes. Além disso, os contratos internacionais, em sua maioria, envolvem partes de diferentes países, sujeitos a diferentes jurisdições. É de se imaginar o quão difícil, moroso e dispendioso seria a um comprador americano ter de se submeter a um tribunal estatal brasileiro para que pudesse resolver um contrato firmado no Brasil com um vendedor brasileiro inadimplente.[381]

Por este motivo, as partes desta modalidade de transação, particularmente empresas brasileiras ou empresas estrangeiras a firmarem contratos com empresas brasileiras, possuíam uma preocupação especial com a elaboração das regras aplicáveis ao mérito do contrato, buscando ao máximo obter maior autonomia na sua execução.

Como parte desta estratégia de obter mais autonomia em relação aos tribunais nacionais, estes contratos normalmente contêm cláusula compromissória arbitral e estabelecem a aplicação de princípios, regras e costumes típicos do comércio internacional (*standards*) em prevalência sobre a legislação doméstica. Ou então, a fim de garantirem seu direito à resolução contratual independentemente de interpelação judicial, é comum a inclusão de cláusulas resolutivas expressas relacionadas a todas as obrigações do contrato, submetendo a resolução ao previsto no artigo 474 do CCB.[382]

Outro ponto de preocupação, mais presente na jurisdição estatal, refere-se à adstrição dos juízes brasileiros à observância da função social do contrato em detrimento do princípio da autonomia das partes, conforme preceitua o artigo 421 do CCB.[383] Este princípio, inserido no ordenamento jurídico brasileiro em 2002, implica dizer que os juízes deverão observar não apenas a vontade das partes, mas também os efeitos do contrato na sociedade e os interesses sociais envolvidos.[384] Isso significa que o Estado tem o dever de zelar pelo bem-estar da sociedade, permitindo-se, para tal, até mesmo a relativização da manifestação das partes.

381 Caso apenas ilustrativo que indica a aplicação do direito brasileiro, nos termos do artigo 9º da LINDB.

382 Exemplo de redação de cláusula frequentemente incluída em contratos regidos pelo direito brasileiro para garantir o direito à resolução independentemente de interpelação judicial: "*O presente contrato poderá ser resolvido por qualquer das partes mediante a ocorrência de inadimplemento, pela outra parte, de qualquer obrigação prevista neste contrato por mais de X dias*". Mesmo nestes casos, o direito à resolução é questionável.

383 Artigo 421: *A liberdade de contratar será exercida em razão e nos limites da função social do contrato.*

384 C. L. Marques, *Contratos no Código de Defesa do Consumidor*, 4ª ed., São Paulo, Revista dos Tribunais, 2002, p. 175.

A necessidade de observação da função social do contrato pode, portanto, influenciar a decisão dos juízes na dissolução ou manutenção do contrato em caso de inadimplemento a partir da requisição da parte ofendida. Nesse sentido, pode o juiz deixar de extinguir um contrato caso entenda que a manutenção seja necessária para não abalar uma atividade mais relevante do que o inadimplemento cometido.[385] Este entendimento pode prejudicar sobremaneira o comércio internacional de mercadorias.

Em razão destas dificuldades e possíveis prejuízos, os elaboradores da CISG procuraram claramente afastar os contratantes dos tribunais nacionais, favorecendo o tráfico mercantil.[386]

Com a entrada em vigor da CISG como lei brasileira, todas as regras convencionais especificamente elaboradas para lidar com o ambiente complexo e autônomo do comércio internacional passam a se aplicar de forma direta aos contratos de compra e venda internacionais nos termos do artigo 1 estudado anteriormente, estando os árbitros e juízes estatais obrigados observá-las na interpretação dos contratos.

Assim, a partir de 17 de outubro de 2014, as partes de contratos internacionais de compra e venda devem observar os requisitos da violação essencial do contrato, previstos no artigo 25 da CISG, para que possam declarar a resolução do contrato sem ter de se submeter ao escrutínio dos árbitros e juízes. Verifica-se que, neste caso, não se trata de mera complementação pela CISG, mas sim um caso de *substituição* dos dispositivos do CCB pelas regras da CISG para os contratos internacionais.

Desse modo, somente aos contratos internacionais de compra e venda, deve ser relativizada a aplicação dos artigos 474 e 475 do CCB, por força das regras de conflitos de normas estabelecidas no artigo 2º da LINDB, pelo qual a lei mais recente e mais específica revoga aquela anterior e genérica naquilo que for incompatível.

Esta revogação pela CISG (mais precisamente, derrogação) não prejudica a aplicação do CCB aos demais contratos, inclusive aqueles de compra e venda de mercadorias, pois, como visto na parte introdutória deste trabalho, o âmbito de aplicação da CISG está restrito aos contratos firmados por partes situadas em diferentes Estados contratantes. Com isso, fica preservada a necessidade de interpelação judicial para que seja possível

385 C. Costa De Lima, *Reflexões* ..., p. 514.

386 R. R. de Aguiar Junior, *A Convenção* ..., p. 212.

a resolução dos demais contratos que não possuam cláusula resolutiva expressa.

Assim como no capítulo sobre o tema da formação do contrato, fica mais uma vez demonstrado que a CISG entrou em vigor no Brasil para trazer mais benefícios do que problemas. Apesar dos diversos anúncios sobre contradições entre os dois sistemas, busca-se nesta obra demonstrar que mesmo as incompatibilidades podem ser harmonizadas e, por vezes, são necessárias para não atrapalhar as relações obrigacionais abrangidas pelo CCB e pela CISG.

Em relação ao tema da resolução do contrato, por exemplo, o conflito entre os dois regramentos é pertinente para regular os dois ambientes muito distintos. De um lado, a CISG revoga as regras do CCB para fortalecer o princípio da autonomia da vontade e facilitar as trocas internacionais, que necessitam de maior agilidade, uniformidade e menor intervenção. Esta facilidade é refletida no direito conferido ao credor adimplente de resolver o contrato sem a necessidade de interpelação judicial.

Essa "liberdade" é necessária para trazer mais segurança jurídica às empresas que atuam o ambiente volátil do comercio internacional brasileiro, fortemente baseado na exportação de *commodities*. Com a intensa concorrência e flutuação de preços, não podem as partes ficar sujeitas à demora de um processo judicial para terem permissão para encerrar negócios antigos e firmar negócios novos, já que o "tempo" é essencial para estes contratos.[387]

De outro lado, é de extrema importância o estabelecimento de limites para a atuação das partes nos demais contratos a fim de evitar abusos, permanecendo estes protegidos pelos dispositivos do CCB. A figura do terceiro neutro se faz necessária para que sejam rejeitadas as pretensões incongruentes e contrastantes com os princípios da boa-fé e da preservação do contrato, que dominam toda a matéria da execução do contrato.[388]

Além disso, não se pode esquecer a função complementadora da CISG na interpretação e preenchimento das lacunas deixadas pelos

[387] B. K. Leisinger, *Fundamental*..., p. 121 e 125; P. Schlechtriem, *Interpretation, gap-filling and further development of the UN Sales Convention*, tradução do texto *Auslegung, Lückenfüllung und Weiterentwicklung*, Basel, 2004, item I. disponível em: http://www.cisg.law.pace.edu/cisg/biblio/Schlechtriem6.html; K. Takahashi, *Right to Terminate (Avoid) International Sales of Commodities*, in *Journal of Business Law*, March 2003, p. 104; I. Schwenzer, *Direito de*...p. 270.

[388] E. Roppo, *O contrato*..., p. 266.

dispositivos do CCB sobre o tema da resolução do contrato, em especial na determinação do inadimplemento absoluto *vis a vis* a figura da violação essencial do contrato.

Ainda no tema do inadimplemento contratual, é igualmente muito debatida, tanto no âmbito da CISG quanto no direito nacional do CCB, a possibilidade de a parte inadimplente sanar o inadimplemento, afastando o direito à resolução. Em razão do princípio da preservação contratual, a resolução é uma sanção com efeitos drásticos ao comércio e, por este motivo, pode o credor dar uma "segunda chance" ao devedor inadimplente. Este assunto e as diferenças entre a CISG e CCB são analisados no próximo item, que encerra este capítulo.

4.3 Resolução, Saneamento e Execução Específica

A relação existente entre o direito de resolução do contrato pela parte ofendida em virtude de uma violação essencial e a possibilidade de se sanar tal violação é um tema bastante controverso no âmbito da CISG.[389]

Como os artigos 45(1)(a) e 61(1)(a) da CISG permitem às partes – comprador e vendedor respectivamente – exercerem os direitos previstos nos artigos seguintes que contemplam tanto o direito do credor à resolução como o de execução específica do devedor, infere-se, à primeira vista, uma autorização à parte de exercer alternativamente qualquer dos dois direitos.[390] Inclusive, o direito à execução específica vem idendificado logo na sequência, nos artigos 46 e 62, com alternativas específicas de execução do contrato no caso de inadimplemento do vendedor.[391]

[389] M. Will *in* C. M. Bianca - M. J. Bonell, *Commentary ...*, p. 362; A. Garro *in* F. Ferrari – H. Flechtner – R. Brand, *The Draft...* p. 366; A.Björklund *in* S. Kröll – L. Mistelis – M. P. P. Viscasillas, *UN Convention...*, p. 348.

[390] R. R. de Aguiar Junior, *A Convenção ...*, p. 213.

[391] Artigo 46: *(1) O comprador poderá exigir do vendedor o cumprimento de suas obrigações, salvo se tiver exercido qualquer ação incompatível com esta exigência.(2) Se as mercadorias não estiverem conformes ao contrato, o comprador poderá exigir a entrega de outras mercadorias em substituição, desde que a desconformidade constitua violação essencial do contrato e o pedido de substituição de mercadorias seja formulado no momento da comunicação da desconformidade a que se refere o artigo 39, ou dentro de um prazo razoável a contar desse momento.(3) Se as mercadorias não estiverem conformes ao contrato, o comprador poderá exigir do vendedor que as repare para sanar a desconformidade, salvo quando não for isto razoável em vista das circunstâncias. A solicitação de reparação das mercadorias deve ser feita no momento da comunicação a que se refere o artigo 39, ou em prazo razoável a contar desse momento.* Artigo

No entanto, analisando-se os demais dispositivos da CISG, bem como a doutrina e jurisprudência aplicável, veremos que essa regra não é absoluta, sendo alvo de algum debate. Este debate decorre do fato de que estes direitos do credor (execução e resolução do contrato) podem ser relativizados pelo direito do devedor de sanar o inadimplemento cometido.

Vejamos o que dispõem os artigos 48 (1) e 63(1) da Convenção:

> Artigo 48
>
> (1) Sem prejuízo do disposto no artigo 49, o vendedor poderá, mesmo após a data da entrega, sanar por conta própria qualquer descumprimento de suas obrigações, desde que isto não implique demora não razoável nem cause ao comprador inconveniente ou incerteza não razoáveis quanto ao reembolso, pelo vendedor, das despesas feitas pelo comprador. Contudo, o comprador manterá o direito de exigir indenização das perdas e danos, nos termos da presente Convenção.
>
> Artigo 63
>
> (1) O vendedor poderá conceder prazo suplementar razoável para cumprimento das obrigações que incumbirem ao comprador.

Percebe-se que este debate decorre da expressão "*sem prejuízo do disposto no artigo 49*" contida no artigo 48, o qual remete ao direito de resolução pelo comprador no caso de esta violação ser essencial, expressão inexistente no artigo 63(1) aplicável ao vendedor. Ao se considerar este artigo, surge então a dúvida: qual direito deve prevalecer, o de sanar pelo vendedor ou o de resolver pelo comprador?[392]

Essa questão tem lugar nomeadamente nos casos em que o vendedor entrega mercadorias seriamente defeituosas ou em desconformidade, mas que ainda podem ser reparadas sem grandes inconveniências para

62: *O vendedor poderá exigir do comprador o pagamento do preço, o recebimento das mercadorias ou a execução de outras obrigações que a este incumbirem, salvo se o vendedor houver exercido algum direito ou ação incompatível com tal exigência.*

[392] H. Sivesand, *The Buyer's...*, pp. 149-150.

o comprador.[393] Nestes casos, pode o comprador declarar a resolução do contrato imediatamente, ou deve este conceder uma "segunda chance" ao vendedor de sanar a não conformidade (o que equivaleria à execução específica)?

Para resolver este dilema, uma maneira seria afirmar que, se o vendedor tem plena possibilidade de realizar uma oferta para sanar os defeitos existentes, a violação não poderia ser considerada essencial e, portanto, o direito de resolução sequer existiria. Outra maneira seria argumentar que o direito de resolução não seria excluído, mas apenas suspenso até se caracterizar a reparação das mercadorias. Há ainda um outro entendimento contrário de que o direito de resolver o contrato em nada se confunde com a possibilidade de saneamento, mas tão somente com a real existência de um defeito grave.[394]

Quanto à posição que privilegia o direito à resolução, esta se baseia principalmente na interpretação literal dos dispositivos citados acima, combinado com a história legislativa que envolve o artigo 48(1).

Durante a Conferência da Uncitral, a maioria das delegações nacionais era contra a ideia de dar absoluta prioridade para o vendedor de oferecer a execução do contrato em detrimento do direito do comprador de declarar a resolução do contrato prevista no artigo 49(1)(a). Isso porque, quando o vendedor comete uma violação grave, este deve ser "punido" por isso, sendo o direito de sanar um privilégio que só poderia ser conferido se do interesse do comprador ofendido pela violação (conforme artigo 46).[395]

Esta foi a opinião incorporada nos termos "*sem prejuízo do disposto no artigo 49*" presentes na versão final do referido artigo 48(1) CISG, conferindo o direito, à primeira vista absoluto, ao comprador de escolher pela resolução do contrato ou de dar uma segunda chance ao vendedor de sanar

[393] V. Heuzé, *Traité des Contracts*..., p. 349; Unicitral Digest of case law on the United Nations Convention on the International Sale of Goods, 2004, art. 25, §8º; U. Magnus *in* F. Ferrari – H. Flechtner – R. Brand, *The Draft*..., p. 323.

[394] B. K. Leisinger, *Fundamental*..., p. 59; M. Jafarzadeh, *Buyer's Right to Withhold Performance and Termination of Contract: A Comparative Study Under English Law, Vienna Convention on Contracts for the International Sale of Goods 1980*, Iranian and Shi'ah Law, 2001, disponível em http://www.cisg.law.pace.edu/cisg/biblio/jafarzadeh1.html; A. Garro in F. Ferrari – H. Flechtner – R. Brand, *The Draft* ..., p. 366.

[395] M. Jafarzadeh, *Buyer's Right* ...; P. Huber - A. Mullis, *The CISG*..., p. 222.

os defeitos causados, independentemente de oferta deste.[396] Além disso, sustenta-se que não há nenhuma outra previsão na CISG que obrigue o comprador a dar ao vendedor uma oportunidade de reparação do inadimplemento.[397]

Outro argumento em favor desta posição é o de que, normalmente, a execução (tardia ou em substituição) pelo vendedor pode causar grande ônus para o comprador, como atrasos ou ter de rebaixar os preços das mercadorias, devendo ser a parte infratora a única a sofrer as consequências desta violação.[398]

Apesar de esta posição estar embasada no que está literalmente inserido nos termos da Convenção, esta se contrapõe ao princípio geral da preservação contratual e à ideia de que a resolução deve ser entendida como o último recurso disponível. Tanto que a mesma redação não é repetida do artigo 63(1), aplicável aos direitos do vendedor, o qual não remete diretamente ao direito de resolução do contrato previsto no artigo 64(1), mas apenas dipõe sobre a concessão de prazo adicional para cumprimento.

Por este motivo, muitos doutrinadores afirmam que o direito de resolução pelo credor não deve ser absoluto, principalmente nos casos em que o saneamento pode ser facilmente realizado pela outra parte, sendo esta a posição predominante.[399]

B. K. Leisinger e J. Lookofsky são mais assertivos ao afirmarem que a mera possibilidade da sanar a desconformidade pelo vendedor, independentemente da gravidade desta, por si só não pode mais causar um prejuízo substancial ao comprador. Neste sentido, o comprador não poderia mais se basear na existência de uma violação essencial para declarar a resolução do contrato.[400]

396 M. Jafarzadeh, *Buyer's Right...*; A. Björklund *in* S. Kröll – L. Mistelis – M. P. P. Viscasillas, *UN Convention...*, p. 349.

397 M. Jafarzadeh, *Buyer's Right....*cit.

398 P. Schelechtriem – I. Schwenzer, *Commentary ...*, 2010, pp. 428-429.

399 U. Magnus *in* F. Ferrari – H. Flechtner – R. Brand, *The Draft ...*, p. 323; B. K. Leisinger, *Fundamental...*, pp. 60-63; F. Ferrari, *Fundamental...*, p. 501; R. Koch, *Commentary on whether the UNIDROIT Principles of International Commercial Contracts may be used to interpret or supplement article 25 CISG*, 2004, §1, disponível em: http://www.cisg.law.pace.edu/cisg/biblio/koch1.html#rk* ; P. Huber - A. Mullis, *The CISG...*, p. 222.

400 B. K. Leisinger, *Fundamental...*, pp. 60-63; J. Lookofsky, *Understanding ...*, p. 121. No mesmo sentido, I. Schwenzer, *Direito de...*p. 272.

Já J. Honnold afirma que um dos requisitos para se configurar uma violação essencial com o propósito de se declarar resolvido o contrato seria a própria ausência de uma oferta razoável para remediar a violação cometida. Diante dessa oferta, o exercício do direito de resolução do contrato seria desproporcional.[401]

Este autor ainda afirma que deveria constar da redação do artigo 25 da CISG que, para que um prejuízo substancial ocorra, devem-se levar em consideração todas as circunstâncias, inclusive a oferta razoável de saneamento do prejuízo pela outra parte. No entanto, esta inclusão foi rejeitada na Conferência da Uncitral.[402]

Esta posição doutrinária contrária à resolução do contrato nos casos em que as mercadorias ainda podem ser reparadas (no caso de defeitos), reutilizadas ou revendidas não apenas segue o princípio da preservação contratual, como também considera o prejuízo causado pela resolução contratual ao comércio internacional como um todo, devido à magnitude dos contratos que este ramo abrange.[403]

Além disso, este entendimento se extrai de uma interpretação sistemática da Convenção, a qual enumera diversos outros direitos a serem exercidos pelo comprador e vendedor contemplando outras possibilidades de saneamento do inadimplemento, sem ter de se recorrer à resolução do contrato. Vide, por exemplo, os artigos 46 e 47, sendo que este último é explicito à possibilidade de o comprador conceder um prazo suplementar ao vendedor para cumprir suas obrigações (*Nachfrist*).[404]

No entanto, o direito de sanar a violação também não pode ser entendido como absoluto, pois esta interpretação seria contrária ao expressamente disposto na CISG. Como consequência, devem ser fixados alguns limites, ou melhor, requisitos a esta possibilidade de reparação (pelo vendedor) para que não seja ferido o interesse do credor (no caso, o comprador).

O primeiro requisito a se considerar é a disposição do vendedor em executar o contrato, podendo este espontaneamente oferecer ao comprador a possibilidade de curar a falha das mercadorias. Esse requisito se torna

[401] J. O. Honnold, *Uniform Law...*, p.185.

[402] *Idem, ibidem*, p. 185.

[403] P. Schelechtriem – I. Schwenzer, *Commentary...*, 2010, p. 427; F. Ferrari, *Fundamental...*, p. 502.

[404] Artigo 47(1): *O comprador poderá conceder ao vendedor prazo suplementar razoável para o cumprimento de suas obrigações.*

importante nos casos em que, devido à dificuldade de saneamento, a resolução do contrato acaba por ser preferível até mesmo ao vendedor do que a sua preservação.[405]

Esta oferta também deve ser realizada antes da declaração de resolução do contrato pelo comprador e deve indicar precisamente a data em que o adimplemento irá ocorrer para garantir a reparação. De modo contrário, mesmo que a execução fosse possível, a demora em oferecê-la já poderia causar alguma inconveniência ao comprador.[406]

Por fim, e mais importante, a reparação deve ser passível de realização fácil e em um tempo razoável, sem gerar grande inconveniência para o comprador. Neste sentido, deve o vendedor sanar o inadimplemento, executando o contrato, dentro do prazo de entrega e até mesmo efetuar estes reparos em sua sede, a fim de não causar transtornos ao comprador.[407]

Cumpridas estas exigências, o comprador não poderá alegar que foi substancialmente prejudicado pela violação, principalmente nos casos em que a cura pode ser facilmente realizada como, por exemplo, o reparo de um documento emitido erroneamente ou mesmo em casos de contratos que não envolvem o transporte custoso de mercadorias.[408]

A posição doutrinária em favor do direito de sanar pelo vendedor é refletida também nos tribunais nacionais e internacionais. Estes têm decidido, em grande parte dos casos, que a existência de uma oferta real e sincera de sanar pelo vendedor, descaracteriza, *per se*, a configuração de uma violação essencial do contrato, uma vez que não pode justificar um prejuízo substancial que prive o comprador daquilo que ele esperava do contrato. Como consequência, esses órgãos julgadores tendem a quase sempre privilegiar a preservação do contrato.[409]

405 M. Müller-Chen *in* P. Schelechtriem – I. Schwenzer, *Commentary...*, p. 739; H. Sivesand, *The Buyer's...*, p. 151.

406 B. K. Leisinger, *Fundamental ...*, pp. 61 e 71.

407 H. Sivesand, *The Buyer's ...*, p. 138 e 243; P. Schlechtriem, *Subsequent Performance and Delivery Deadlines - Avoidance of CISG Sales Contracts Due to Non-conformity of the Goods*, 18 Pace International Law Review, Issue No. 1 (Spring 2006) 83-98, p. 89.

408 M. Müller-Chen *in* P. Schelechtriem – I. Schwenzer, *Commentary ...*, p. 750; B. K. Leisinger, *Fundamental ...*, p. 71; P. Huber - A. Mullis, *The CISG ...*, p. 221.

409 Unicitral Digest of case law on the United Nations Convention on the International Sale of Goods, 2004, art. 25, §8º; U. Magnus *in* F. Ferrari – H. Flechtner – R. Brand, *The Draft ...*, p. 323; P. Schlechtriem, *Subsequent ...*, p. 88.

Como exemplo, analisemos um caso julgado por um tribunal alemão. O vendedor cometeu uma violação contratual ao não entregar a quantidade correta de mercadorias, o que ocasionou a declaração de resolução do contrato pelo comprador. O tribunal, entretanto, decidiu que, para se determinar a existência de uma violação essencial, deve-se levar em consideração não apenas a natureza do defeito presente nas mercadorias, mas também a prontidão do vendedor em remediar estes defeitos sem causar atrasos ou grandes inconveniências ao comprador.[410]

Como estes requisitos estavam presentes no caso, o tribunal negou a existência de uma violação essencial e, por conseguinte, negou também o direito do comprador de resolver o contrato, alegando que este recusou injustificadamente a oferta realizada pelo vendedor.[411]

Diante do exposto, é possível perceber que a maioria dos doutrinadores, bem como os tribunais tendem a conferir maior relevância à real gravidade da violação e à possibilidade também real de o vendedor poder executar facilmente o contratado do que ao previsto nos artigos 48(1) e 49(1)(a) da CISG.[412] Em outros termos, para se conferir o direito de resolução do contrato ao comprador, devem ser analisadas as consequências daquela violação para as partes e se o inadimplente não pôde realizar uma oferta segura de execução. De modo contrário, a tendência é a de decidir pela preservação do contrato.[413]

No entanto, o direito de resolução por parte do comprador não pode ser totalmente excluído apenas mediante a oferta do vendedor. Este direito deve ficar suspenso até o momento em que o vendedor realize os reparos necessários sem atraso e sem causar grande inconveniência para o comprador. No caso de não ser possível o saneamento ou de este causar grande

410 Tribunal Superior Regional de Koblenz, Alemanha, Oberlandesgericht Koblenz, 2 U 31/96, 31 de Janeiro de 1997, Clout Case 282.

411 No mesmo sentido, vide casos: Tribunal do Comércio do Cantão de Zurique, Suiça, Handelsgericht des Kantons Zürich, HG 920670, 26 de Abril de 1995, Clout Case 196; Corte de Apelação de Grenoble, França, Cour d› appel de Grenoble, 93/4879, 26 de abril de 1995, Clout Case 152.

412 A. Garro *in* F. Ferrari – H. Flechtner – R. Brand, *The Draft* ..., p. 366.

413 L. A. Dimatteo *et. al*, *International Sales*..., p. 146; B. K. Leisinger, *Fundamental* ..., p. 59; H. Sivesand, *The Buyer's* ..., p. 243.

ônus ao comprador, este poderá exercer o seu direito de declarar a resolução do contrato.[414]

Quando comparadas à CISG, vislumbram-se alguns pontos de contato, mas também de conflitos, em relação às regras previstas no CCB sobre direito de execução pela parte inadimplente. Assim como a CISG , o artigo 475 do CCB confere à parte lesada pelo inadimplemento duas possibilidades: a resolução ou a execução da prestação devida. Igualmente prevê o CCB a possibilidade de cura do inadimplemento pelo devedor, conforme artigo 401.[415]

Apesar desta semelhança, relembra-se que o direito a obter ambos os remédios, pelo direito brasileiro, apenas pode ser exercido pelo credor mediante interpelação judicial, e não ao seu livre arbítrio.[416] Além disso, pela análise literal da regra do artigo 475, nota-se que não há qualquer hierarquia entre estes direitos. Na prática, também não há, diferentemente da aplicação da CISG analisada acima.

É pacifico na doutrina brasileira a ausência de subordinação entre a opção pelo pedido de resolução ou execução específica, não havendo limites preestabelecidos à iniciativa do credor.[417] Inclusive, os pedidos pelo adimplemento e/ou pela resolução contratual podem ser formulados alternativamente, na mesma ação judicial, sendo que, no primeiro, busca-se uma sentença constitutiva positiva e, no segundo, uma sentença constitutiva negativa.[418]

[414] B. K. Leisinger, *Fundamental ...*, pp. 60-61; M. A. Bento Soares – R. M. Moura Ramos, *Contratos Internacionais...*, p. 159.

[415] Artigo 401 do CCB: *Purga-se a mora: I - por parte do devedor, oferecendo este a prestação mais a importância dos prejuízos decorrentes do dia da oferta; II - por parte do credor, oferecendo-se este a receber o pagamento e sujeitando-se aos efeitos da mora até a mesma data.*

[416] Excetuadas as hipóteses previamente convencionadas entre as partes, para as quais se aplica a cláusula resolutiva expressa (artigo 474 do CCB).

[417] A. De Assis, *in* A. De Assis – R. A. De Andrade – F. G. Pessoa Alves, *Comentários ...*, p. 609; R. R. de Aguiar Junior, *A Convenção ...*, p. 214; F. C. Pontes de Miranda, *Tratado ...*, tomo XXV, p. 331; M. M. de Serpa Lopes, *Curso de ...*, p. 202. Excepciona-se, todavia, os contratos que envolvem compra e venda, cessão ou arrendamento de bens imóveis. Para estes casos, o Decreto-lei 745/1969 exige a prévia interpelação judicial para a purgação da mora em 15 dias para que o inadimplemento seja considerado absoluto e possibilite a resolução do contrato, mesmo nos casos em que haja cláusula resolutiva expressa (STJ, REsp. n. 15.489-0, SP, Rel. Min. Sálvio de Figueiredo, D.J. 05/09/1994).

[418] F. C. Pontes de Miranda, *Tratado...*, tomo XXXIX, p. 356, 357 e 358; A. De Assis, *in* A. De Assis – R. A. De Andrade – F. G. Pessoa Alves, *Comentários ...*, p. 610.

Trata-se de uma vantagem conferida ao credor afetado pelo inadimplemento que, sofrendo o prejuízo, escolherá o meio que lhe for mais favorável de recuperá-lo. Além de o texto legal não implicar em qualquer subordinação, não seria razoável com o credor lesado identificar na resolução do contrato uma prerrogativa apenas excepcional e subsidiária ao direito do cumprimento específico. Desse modo, a alternatividade dos pedidos é sempre possível em favor do demandante e compete apenas a ele, uma vez que é o seu interesse no contrato que está em jogo.[419]

O credor pode preferir a prestação, quando ainda lhe for interessante, ou pode desinteressar-se do negócio e demandar a resolução do contrato, sendo a possibilidade de reparação pelo inadimplente considerada um "favor" da lei ao devedor, permitindo a este neutralizar o direito de resolução pelo credor, desde que o faça de modo eficiente e adequado.[420] Logo, não poderá o devedor impedir o exercício de qualquer dos dois direitos pelo credor interessado.[421]

Caberá ao juiz atender a um dos pedidos, ou a sua cumulação objetiva alternativa, obrigando o devedor a, primeiramente, cumprir a prestação inadimplida e, na falta desta, já constituir o direito de resolução em favor do demandante.[422] Assemelha-se, neste caso, à suspensão do direito resolutório do credor verificada na CISG. No entanto, este direito conferido ao credor não pode ser utilizado de forma arbitrária. Caso este tenha proposto ação para apenas uma das medidas, como a execução específica, não poderá depois rejeitar o cumprimento da prestação.[423]

A partir destas características gerais, duas são as principais diferenças entre a CISG e o direito brasileiro. A primeira dela, refere-se à necessidade de interpelação judicial já analisada anteriormente. A segunda diferença cuida justamente da inexistência de subordinação entre as duas alternativas disponíveis ao credor de acordo com o direito brasileiro. Se pela CISG

[419] F. C. Pontes de Miranda, *Tratado* ..., tomo XXXIX, p. 358; A. De Assis, *in* A. De Assis – R. A. De Andrade – F. G. Pessoa Alves, *Comentários* ..., p. 610. Neste sentido: TJSP, Apel. n. 2014.0000168461, Rel. Des. Alexandre Marcondes, 25/03/2014.

[420] A. Alvim, *Da Inexecução* ..., p. 158.

[421] R. R. de Aguiar Júnior, *Comentários* ..., p. 460.

[422] F. C. Pontes de Miranda, *Tratado* ..., tomo XXXIX, p. 358.

[423] F. C. Pontes de Miranda, *Tratado* ..., tomo XXXIX, p. 356. Neste sentido: TJRS, Apel. n. 70002532786, Rel. Des. Fernando Braf Henning Júnior, 14/08/2001.

é fortemente defendida a possibilidade de o devedor sanar o inadimplemento, pelo CCB esta possibilidade é relativizada pelo interesse do credor.

Apesar destas diferenças, entende-se serem estas compreensíveis e pertinentes ao âmbito de aplicação dos dois diplomas. Por exemplo, a aparente ampla liberdade de o credor escolher entre os dois remédios nos termos do CCB é limitada pela necessidade de interpelação judicial. Como na CISG este direito do credor decorre do próprio texto da Convenção, tais regras devem ser interpretadas de maneira mais restritiva de modo a prevalecer o princípio da preservação do contrato e evitar abusos no comércio internacional de mercadorias por parte dos credores.

Além disso, na hipótese de conflito direto entre os dois sistemas no tocante à determinação da execução específica pelo juiz, a própria CISG estabelece certa prevalência do direito nacional nos termos do artigo 28:

> Se, de conformidade com as disposições da presente Convenção, uma das partes tiver o direito de exigir da outra o cumprimento de certa obrigação, o juiz não estará obrigado a ordenar sua execução específica salvo se devesse fazê-lo segundo seu direito nacional, em relação a contratos de compra e venda semelhantes não regidos pela presente Convenção.

Trata-se de mais um dispositivo da Convenção que busca a conciliação de interesses entre as diferentes tradições jurídicas, em especial as de *common law* e *civil law*: apesar de a CISG conferir liberdade ao julgador quando da decisão sobre o cumprimento pelo devedor, não estando obrigado a ordená-lo – tendência *common law* –, é feita a ressalva de que este possa decidir pelo cumprimento à luz do direito interno – tendência *civil law*.[424] Antes de representar uma limitação aos poderes do julgador, o dispositivo confere-lhe plena discricionariedade.[425]

Como concluído acima, deve ficar claro que estas regras diferentes da CISG, determinando a prevalência da possibilidade de execução específica do contrato, apenas se aplicam aos contratos internacionais de compra e venda, mantendo-se as regras do CCB para os demais contratos. No

[424] F. Ferrari, *The Interaction between the United Nations Conventions on Contracts for the International Sale of Goods and Domestic Remedies*, in Rabels Zeitschrift für ausländisches und internationales Privatrecht, nº 71, 2007, p. 56.

[425] *Idem, ibidem*, p. 57.

entanto, mesmo para estes contratos, entende-se que a CISG poderá ser utilizada como ferramenta de complementação do direito nacional. Assim como a figura da violação essencial é de extrema utilidade para interpretação e determinação do inadimplemento absoluto, os elementos teóricos e práticos que levam à prevalência da execução do contrato para CISG podem ser utilizados pelos juristas, árbitros e juízes na apreciação de pedidos alternativos pelo credor.

Este capítulo se encerra com mais um ponto de encontro entre os sistemas da CISG e CCB, qual seja, o direito do credor lesado pelo inadimplemento de ser indenizado pelas perdas e danos sofridos tanto em sede de execução específica, quanto em sede de resolução contratual, desde que o inadimplemento seja culposo[426]. Pelo direito brasileiro, este direito é garantido pelos artigos 395, 401 e 475 do CCB, enquanto que pela CISG este direito é conferido ao comprador (artigos 45[427] e 48) e ao vendedor (artigos 61[428] e 63).

Ambos os sistemas protegem o direito geral da vitima ser indenizada pelo não cumprimento do contrato na forma, lugar, tempo acordados e na medida da responsabilidade do inadimplente. No caso da execução específica, pede-se indenização, por exemplo, pelos danos sofridos em consequência do atraso na obtenção da prestação que lhe é devida, em particular na hipótese de entrega de mercadorias para revenda, ao passo

[426] Conforme artigo 79 da CISG: *(1) Nenhuma das partes será responsável pelo inadimplemento de qualquer de suas obrigações se provar que tal inadimplemento foi devido a motivo alheio à sua vontade, que não era razoável esperar fosse levado em consideração no momento da conclusão do contrato, ou que fosse evitado ou superado, ou ainda, que fossem evitadas ou superadas suas consequências*; Mesmo tratamento é previsto pelo CCB no artigo 396: *Não havendo fato ou omissão imputável ao devedor, não incorre este em mora.* No mesmo sentido, vide C. P. Ubaldino Miranda, *Comentários ...*, p. 426 e F. C. Pontes de Miranda, *Tratado ...*, tomo XXVI, p. 6-7.

[427] Artigo 45: (1) *Se o vendedor não cumprir qualquer das obrigações que lhe couberem de acordo com o contrato ou com a presente Convenção, o comprador poderá: (a) exercer os direitos previstos nos artigos 46 a 52; (b) exigir a indenização das perdas e danos prevista nos artigos 74 a 77. (2) O comprador não perde o direito à indenização das perdas e danos por exercer seu direito a outras ações. (3) Não poderá o juiz ou tribunal arbitral conceder ao vendedor qualquer período de graça, quando o comprador exercer ação contra a violação de contrato.*

[428] Artigo 61: *(1) Se o comprador não cumprir qualquer das obrigações que lhe incumbirem de acordo com o contrato ou com a presente Convenção, o vendedor poderá: (a) exercer os direitos previstos nos artigos 62 a 65; (b) exigir a indenização das perdas e danos previstos nos artigos 74 a 77. (2) O vendedor não perde o direito à indenização das perdas e danos por exercer o direito a outras ações. (3) Não poderá o juiz ou tribunal arbitral conceder ao comprador qualquer período de graça, quando o vendedor exercer uma ação por violação do contrato.*

que, diante da resolução do contrato, o montante da indenização equivale aos benefícios que a parte poderia ter retirado da operação, além de outras despesas eventualmente realizadas.[429]

O tema da indenização por perdas e danos é contemplado no capítulo seguinte, o último desde livro que tem buscado analisar os assuntos mais mencionados pela doutrina como impactantes e conflituosos ao direito contratual brasileiro após a entrada em vigor da CISG. Além de apresentar estes assuntos, o objetivo desta obra também se circunscreve à desmistificação destes argumentos, uma vez que, analisados cada um destes temas, percebe-se que os dois instrumentos são harmônicos, sendo a CISG uma importante e bem vinda ferramenta de substituição e complementação do direito brasileiro.

[429] E. Roppo, *O contrato* ..., p. 265-266; F. C. Pontes de Miranda, *Tratado*..., tomo XXXIX, p. 349; W. B. Monteiro, *Curso de* .... p. 315; J. O. Honnold, *Uniform Law*..., p. 302; F. C. Pontes de Miranda, *Tratado* ..., tomo XXXVIII, p. 340; F. Enderlein, – D. Maskow, *International*..., p. 296.

Capítulo 3 – Mitigação de Danos

1 Qualificação Jurídica e Principais Características

Nos itens acima foram comparados a CISG e o direito contratual brasileiro do CCB no tocante aos temas da formação e resolução do contrato. Identificou-se casos de plena harmonia entre os dois sistemas[430], casos de complementação pela CISG a regras já contempladas pelo ordenamento jurídico nacional[431], bem como casos de substituição (aqui entendida como revogação ou, mais precisamente, como derrogação) de regras nacionais pelos dispositivos mais recentes e específicos da CISG[432], nos termos do artigo 2º da LINDB.

Este último capítulo se limita à análise de apenas uma das várias facetas que compreendem o estudo da responsabilidade civil contratual, que é a mitigação de danos. O tema pode ser considerado o mais "inovador" dentre os assuntos estudados nesta segunda parte. Pouco há que se falar em conflitos e necessidade de harmonização, pois a regra específica sobre mitigação de danos não encontra precedentes específicos no direito brasileiro, pelo menos no que diz respeito ao direito positivado.

430 Em especial no que tange a revogabilidade da oferta, analisada no Capítulo 1, Item 4 acima.

431 Como, por exemplo, no tocante à figura da violação essencial do contrato em relação ao inadimplemento absoluto (Capítulo 2, Item 3 e 4 acima).

432 Por exemplo, a ausência de necessidade de se recorrer ao Poder Judiciário ou à arbitragem para que o credor possa resolver o contrato em razão do inadimplemento do devedor, exclusivamente no âmbito dos contratos internacionais de compra e venda (Capítulo 2, Item 4.2).

No âmbito da CISG, por outro lado, a mitigação de danos pode ser considerada um dos seus institutos mais importantes, sendo que alguns autores chegam a relacioná-la como "princípio" contratual a ser respeitado na compra e venda internacional.[433] Tal regra é prevista no artigo 77 da Convenção, nos seguintes termos:

> A parte que invocar o inadimplemento do contrato deverá tomar as medidas que forem razoáveis, de acordo com as circunstâncias, para diminuir os prejuízos resultantes do descumprimento, incluídos os lucros cessantes. Caso não adote estas medidas, a outra parte poderá pedir redução na indenização das perdas e danos, no montante da perda que deveria ter sido mitigada.

De acordo com a redação acima, existe um "dever" da parte afetada por um inadimplemento contratual de mitigar os prejuízos dele decorrentes, sob pena de não obter integralmente indenização prevista no artigo 74 da Convenção[434]. Estes prejuízos incluem não apenas os danos emergentes, mas também os lucros cessantes.

A ideia por detrás deste artigo é a de que a parte que cometeu o inadimplemento não deve ser penalizada na medida em que a outra parte contratante – afetada pela violação contratual – tenha condições de mitigar ou impedir o aumento das perdas e danos que dele decorram[435]. Em outros termos, não é permitido à parte que sofreu a violação aguardar passivamente a ocorrência de mais prejuízos que possam ser por ela evita-

[433] J. Lookofsky, *The 1980...*, p. 135; J. O. Honnold, *Uniform Law ...*, p. 107; V. Knapp, *in* C. M. Bianca - M. J. Bonell, *Commentary on the International Sales Law*, Milano, Giuffré, 1987, p. 559; G. S. Kulesza, *Princípio da Mitigação de Danos – Evolução no Direito Contratual*, Curitiba, Juruá, 2015, *passim*.

[434] CISG Artigo 74: *As perdas e danos decorrentes de violação do contrato por uma das partes consistirão no valor equivalente ao prejuízo sofrido, inclusive lucros cessantes, sofrido pela outra parte em consequência do descumprimento. Esta indenização não pode exceder à perda que a parte inadimplente tinha ou devesse ter previsto no momento da conclusão do contrato, levando em conta os fatos dos quais tinha ou devesse ter tido conhecimento naquele momento, como consequência possível do descumprimento do contrato.*

[435] A. H. Kritzer, *Guide to Practical Applications of the United Nations Convention on Contracts for the International Sale of Goods*, Boston, Kluwer Law and Taxation, 1989, p. 494; J. Lookofsky – H. Bernstein, *Understanding the CISG in Europe, A compact guide to the 1980 United Nations Convention on Contracts for the International Sale of Goods*, The Hague, Kluwer Law International, 1997, p. 104.

dos, não devendo ser estes prejuízos indenizáveis. Assim, a CISG impõe uma postura ativa à parte lesada para que as perdas e danos sejam minimizados ou, se possível, no todo evitados.[436]

A imposição de uma postura ativa à parte adimplente para reduzir perdas não é exclusividade do artigo 77, sendo também prevista de modo mais específico nos artigos 85 e 86 da CISG. Nos termos do artigo 85[437], o vendedor deve conservar as mercadorias recebidas em atraso pelo comprador, da mesma forma que, segundo o artigo 86[438], o comprador deve preservar as mercadorias que tenha a intenção de recusar, quando em sua posse. Em ambos os casos, busca-se evitar a deterioração das mercadorias para que estas possam ainda ser revendidas e, consequentemente, evitar a ocorrência de prejuízos a qualquer das partes.

Apesar de aparentemente simples, a interpretação e aplicação do dever de mitigação de danos não escapa a controvérsias. Afinal, como afirma E. Opie, a necessidade de mitigar os danos chega a ser um "desafio", já que a Convenção exige uma conduta ativa e *razoável* de quem se encontra na pior situação possível – a de já estar perdendo dinheiro – por conta de um descumprimento da parte com quem se confiou celebrar um contrato internacional de compra e venda.[439]

[436] F. Enderlein, – D. Maskow, *International*..., p. 307; H. Stoll, in P. Schelechtriem , *Commentary on the UN Convention on the International Sale of Goods* (CISG), 2ª ed., München, Beck, 1998, p. 586.

[437] CISG Artigo 85: *Se o comprador retardar o recebimento das mercadorias ou retardar o pagamento do preço quando tal pagamento for devido simultaneamente à entrega das mercadorias, o vendedor deverá adotar medidas razoáveis para a conservação destas, atendidas as circunstâncias, caso esteja na posse das mercadorias ou possa por outra forma dispor das mesmas. O vendedor terá direito a reter as mercadorias até que obtenha do comprador o reembolso dos gastos razoáveis que tiver realizado.*

[438] Artigo 86(1): *Se o comprador tiver recebido as mercadorias e tiver a intenção de exercer o direito de recusa conferido pelo contrato ou pela presente Convenção, deverá adotar as medidas que forem razoáveis, atendidas as circunstâncias, para a respectiva conservação. O comprador terá direito de reter as mercadorias até que obtenha do vendedor o reembolso dos gastos razoáveis que tiver realizado. (2) (1) Se o comprador tiver recebido as mercadorias e tiver a intenção de exercer o direito de recusa conferido pelo contrato ou pela presente Convenção, deverá adotar as medidas que forem razoáveis, atendidas as circunstâncias, para a respectiva conservação. O comprador terá direito de reter as mercadorias até que obtenha do vendedor o reembolso dos gastos razoáveis que tiver realizado.*

[439] E. Opie, *in* J. Felemegas (org), *An International Approach to the Interpretation of the United Nations Convention on Contracts for the International Sale of Goods (1980) as Uniform Sales Law*, New York, CamBridge University Press, 2007, p. 227.

As controvérsias iniciam-se pela própria natureza jurídica da regra relativa à mitigação de danos, já que se fala em "dever", "obrigação", "ônus", etc[440]. Para não se comprometer com uma ou outra definição específica, H. Stoll usa o termo "exigência" (*requirement*) de mitigar de danos[441]. As definições mais utilizadas pelos autores são as de que a parte lesada teria a "obrigação" (*obligation*) ou o "dever jurídico" (*duty*) de mitigar danos, inspirado na terminologia anglo-americana do "*duty to mitigate*".[442]

Neste momento, nota-se que o conceito de "dever jurídico" muda de acordo com o âmbito em que se insere, se dentro ou fora da relação obrigacional. No âmbito de uma relação jurídica (um contrato, por exemplo), o dever equivale à obrigação, a qual é definida como certo comportamento exigível pelo titular do respectivo direito subjetivo. Fora deste contexto, o dever jurídico se sobrepõe à obrigação, representando a vinculação de todos os indivíduos a certa conduta, comportamento ou diretriz, observando as ordens ou comandos do ordenamento jurídico, sob pena de incorrer numa sanção (por exemplo, o dever de respeitar o direito de propriedade).[443]

Por estas definições, a doutrina também reconhece que o emprego de qualquer dos termos "obrigação" ou "dever" não é o mais preciso para tratar da mitigação de danos.

De um lado, a exigência direcionada à vítima de diminuir prejuízos não teria a força e amplitude de um dever jurídico. De outro, a falha em tomar as medidas razoáveis para mitigar danos não é considerada um inadimplemento contratual, capaz de ser objeto de execução específica ou criar à parte inadimplente o direito de resolver o contrato e pleitear uma indenização, mas tão somente gera a possibilidade de reduzir o montante

[440] E. Opie, in J. Felemegas (org), *An International* ..., p. 228.

[441] H. Stoll, in P. Schelechtriem , *Commentary* ..., p. 586.

[442] E. Opie, *in* J. Felemegas (org), *An International* ..., p. 228-229; M. Bridge, *The International,* ..., p. 595; B. Zeller *in* J. Felemegas (org), *An International Approach to the Interpretation of the United Nations Convention on Contracts for the International Sale of Goods (1980) as Uniform Sales Law,* New York, CamBridge University Press, 2007, p. 103; F. Enderlein, – D. Maskow, *International* ..., p. 308; V. M. Jacob de Fradera, *Pode o credor ser instado a diminuir o próprio prejuízo?, in* Revista Trimestral de Direito Civil, vol. 19, jul.-set. 2004, pp. 112.

[443] O. Gomes, *Obrigações.* 17ª ed. atualizada por Edvaldo Brito, Rio de Janeiro, Forense, 2009, p. 11; M. A. S. Viana, *Curso de Direito Civil, Direito das Obrigações,* Rio de Janeiro, Forense, 2007, pp. 1-2; M. Gomes da Silva, *O dever de prestar e o dever de indemnizar,* vol. I, Lisboa, Ramos, Affonso & Moita, 1944, p. 30.

devido a título de danos à parte lesada. Logo, também não se enquadra à concepção jurídica de obrigação (*stricto sensu*), já que não existe um direito subjetivo à mitigação de danos pela parte inadimplente.[444]

A partir desta reflexão, verifica-se que a exigência de reduzir prejuízos é colocada por alguns autores como uma medida tomada no próprio interesse da vítima do inadimplemento de ser indenizada, ou como "uma obrigação desta consigo mesma" (*an obligation to oneself*) e não em benefício do inadimplente.[445] Afinal, ao não adotar tais medidas preventivas, a parte lesada pode, nos termos do artigo 77, perder a indenização que faria jus em razão do descumprimento da outra parte.

A partir dessa interpretação, percebe-se que a natureza jurídica da mitigação de danos se afasta daquela de "obrigação" ou "dever" e se aproxima da noção de "ônus", na medida em que é estabelecida pela CISG no interesse e também no risco da parte lesada.[446] Diferentemente, uma "obrigação" implica em medida adotada no interesse da outra parte. A própria doutrina tradicional brasileira é esclarecedora no tocante à diferença entre "obrigação" e "ônus". Nas palavras de O. Gomes[447]:

> Convém insistir na distinção entre obrigação e ônus jurídico. Não devem ser confundidos porque a obrigação consiste na imposição do sacrifício de um interesse próprio em proveito de um interesse alheio, enquanto, no ônus, o sacrifício do interesse próprio é imposto em relação a outro interesse próprio.

[444] F. Enderlein, – D. Maskow, *International* ..., p. 308; V. Knapp, *in* C. M. Bianca - M. J. Bonell, *Commentary* ..., p. 561; J. O. Honnold, *Uniform Law* ..., p. 455; J. Lookofsky, *The 1980* ..., pp. 156-157.

[445] J. Lookofsky – H. Bernstein, *Understanding the CISG in Europe* ..., p. 103; H. Stoll, in P. Schlechtriem, *Commentary* ..., p. 586; B. Audit, *La vente* ..., p. 173; B. Piltz, *Internationales Kaufrecht, Das UN-Kaufrecht in praxisorientierter Darstellung*, 2ª ed., München, Beck, 2008 § 465.

[446] L. S. Martín Neira, *Del "deber" del acreedor de evitar o mitigar el daño*, Roma, Università Degli Studi di Roma "Tor Vergata", 2010, p. 48; D. Saidov, *The law of damages in international sales, the CISG and other international instruments*, Oxford, Hart, 2008, pp. 130-131; G. S. Kulesza, *Mitigação de Danos e Execução Específica: até onde vai o Direito do Vendedor de Exigir o Pagamento do Preço? Análise à Luz do Direito Brasileiro, in* I. Schwenzer – C. A. G. Pereira – L. Tripodi (coord.), *A CISG e o Brasil*, Curitiba, Marcial Pons, 2014, p. 409.

[447] O. Gomes, *Obrigações* ..., p. 29. No mesmo sentido, M. A. S. Viana, *Curso* ..., p. 2.

A definição acima se encaixa perfeitamente à discussão travada pelos estudiosos da CISG. Sendo as medidas razoáveis para mitigar danos tomadas em sacrifício do interesse da vítima e também em seu próprio interesse – o de receber a completa indenização pelo devedor inadimplente –, estas devem ser classificadas como "ônus" e não como "obrigação" ou "dever".

Soma-se a esta afirmação, o fato de que a existência de um ônus a uma das partes não comporta exigência de cumprimento pela outra, assim como a mitigação de danos do artigo 77, cuja observância não pode ser exigida pela parte que cometeu o inadimplemento.[448]

Feita esta breve reflexão acerca da natureza jurídica da mitigação de prejuízos prevista pela CISG, outras dificuldades são enfrentadas pelos operadores do direito quando da interpretação do artigo 77 em razão da sua amplitude e vagueza, tradicional em diversos outros dispositivos da Convenção, como visto no tocante à violação essencial do contrato.[449]

Uma dificuldade relaciona-se diretamente ao conceito de *razoabilidade*, principal parâmetro estabelecido pelo referido artigo para nortear a interpretação da conduta da parte que deve agir para reduzir os prejuízos do inadimplemento. Embora este parâmetro seja repetidamente mencionado ao longo de toda a Convenção (pelo menos em 37 dispositivos), sendo entendido por alguns autores como um de seus princípios gerais[450], não é previsto qualquer conceito sobre o que seria *razoável*.

Sendo a CISG um instrumento de uniformização internacional, a vagueza de dispositivos como este é de extrema importância para permitir a sua aplicação às mais diferentes circunstâncias e sistemas jurídicos.

Desse modo, a doutrina costuma se referir à razoabilidade como uma questão de fato e não de direito, de modo que sua interpretação depende muito mais do caso concreto, levando em consideração as circunstâncias do local e do tempo em que o credor tem ciência do inadimplemento para poder tomar as medidas mitigadoras.[451]

[448] L. S. Martín Neira, *Del "deber"* ..., p. 51-52.

[449] Vide Capítulo 2, Item 2 acima.

[450] A. H. Kritzer, *Overview Comments on reasonableness, a general principle of CISG*, disponível em: http://www.cisg.law.pace.edu/cisg/text/reason.html#overv; G. S. Kulesza, *Mitigação de Danos* ..., p. 411.

[451] J. Lookofsky – H. Bernstein, *Understanding the CISG in Europe* ..., p. 103; E. Opie, *in* J. Felemegas (org), *An International* ..., p. 229; B. Zeller *in* J. Felemegas (org), *An International* ..., p. 487.

Também é o ônus de mitigar prejuízos estritamente relacionado ao princípio da boa-fé contratual.[452] Como visto na primeira parte deste trabalho, o princípio da boa-fé, embora previsto expressamente apenas no que tange a interpretação da Convenção, é refletido nos diversos outros dispositivos da CISG a partir do conceito de razoabilidade – referentes à conduta das partes no momento da formação e execução do contrato.

De maneira geral, a razoabilidade que se espera da conduta do credor adimplente é aquela com o propósito de diminuir ao máximo possível a perda já sofrida, levando-se em conta diversos fatores, como, por exemplo, a flutuação dos preços de mercado, a disponibilidade e possibilidade de perecimento das mercadorias, terceiros envolvidos, dentre outros.[453]

Da noção de razoabilidade, também se infere que não é exigido um esforço excepcional ou arriscado da vítima, pois, do contrário, o ônus acaba por ficar muito maior do que o dano que se pretende mitigar, sendo a indenização calculada sem levar em consideração as medidas tomadas.[454] No entanto, ainda que as medidas tenham sido adotadas em vão – isto é, não foram suficientes para mitigar o prejuízo – estas podem ser indenizadas pelo inadimplente, por óbvio, na medida em que forem razoáveis.[455]

Dentre as medidas razoáveis mais comuns e, por este motivo, mais mencionadas na doutrina e jurisprudência, estão a compra substitutiva de mercadorias pelo comprador e a revenda de mercadorias pelo vendedor, conforme artigo 75 da CISG[456], ou ainda, no caso de os defeitos das mercadorias serem de fácil realização, pode o comprador ele próprio consertar o defeito para que não perca os produtos.[457] Assim, somam-se aos

[452] H. Stoll, in P. Schlechtriem, *Commentary* ..., p. 588; G. S. Kulesza, *Princípio*..., pp. 198 e 208.

[453] V. Knapp, *in* C. M. Bianca - M. J. Bonell, *Commentary* ..., p. 560; . Opie *in* J. Felemegas (org), *An International* ..., p. 229.

[454] V. Knapp, *in* C. M. Bianca - M. J. Bonell, *Commentary* ..., p. 560; H. Stoll, in P. Schlechtriem, *Commentary* ..., p. 558; F. C. Pontes de Miranda, *Tratado*..., tomo XXII, p. 198; C. Witz, *Les premières applications jurisprudentielles du droit uniforme de la vente internationale. Convention des Nations Unies du 11 avril 1980*, Paris, L.G.D.J, 1995, p. 104.

[455] V. Knapp, *in* C. M. Bianca - M. J. Bonell, *Commentary* ..., p. 561.

[456] De acordo com o artigo 75, o credor que tomar uma destas medidas poderá pleitear indenização integral pelas perdas e danos sofridos: *Se o contrato for rescindido e se, em modo e prazo razoáveis após a rescisão, o comprador proceder a uma compra substitutiva ou o vendedor a uma venda substitutiva, a parte que exigir a indenização poderá obter a diferença entre o preço do contrato e o preço estipulado na operação substitutiva, assim como quaisquer outras perdas e danos exigíveis de acordo com o artigo 74.*

[457] V. Knapp, *in* C. M. Bianca - M. J. Bonell, *Commentary* ..., p. 560; C. Witz, *Les premières* ..., p. 104; J. Lookofsky, *The 1980* ..., p. 157.

fatores que impactam na determinação da razoabilidade das medidas os interesses competitivos das partes, a experiência do comprador ou vendedor, bem como sua condição financeira para realizar a nova compra, revenda ou conserto dos produtos.[458]

Cita-se, por exemplo, um caso em que um vendedor A não consegue entregar as mercadorias a um comprador B que necessita delas para confeccionar outros produtos que comercializa. O comprador B tem consciência de que o preço dos seus produtos manufaturados está em queda no mercado, mas que, ao mesmo tempo, existe um mercado rápido para que este compre novas mercadorias em substituição àquelas contratadas com o vendedor A. Mesmo assim, o comprador B demanda o vendedor A a cumprir o contratado. Neste caso, é evidente que o comprador B não poderá demandar do vendedor A todos os danos incorridos (bem como os lucros cessantes) pela demora na execução do contrato e queda no preço de seus produtos, visto que havia plena possibilidade de mitigar estes danos por meio de uma compra substitutiva.

Em outros casos, mesmo a resolução do contrato pode ser entendida como uma medida razoável para mitigar danos, em especial na hipótese de queda ou aumento brusco nos preços. Em cenários como estes, é muito provável que o comprador ou vendedor perca seu interesse no contrato, permitindo a este, a depender das circunstâncias, resolver o contrato por violação essencial e, com isso, diminuir as perdas que seriam sofridas caso o contrato fosse adiante.[459]

Além disso, a resolução do contrato pode ser uma alternativa satisfatória ao credor ao invés de este simplesmente se aproveitar da especulação do mercado para obter uma vantagem indevida com o aumento no montante dos danos. Nestes casos, se não resolvido o contrato, a parte inadimplente terá o direito de pleitear a redução dos danos a serem pagos ao credor de má fé[460].

De qualquer modo, para que a resolução do contrato realmente represente uma medida de mitigação, é importante que o contrato ainda esteja no início de sua execução, *i.e.* os produtos ainda não tenham sido

[458] J. Lookofsky – H. Bernstein, *Understanding the CISG in Europe* ..., p. 103; E. Opie in J. Felemegas (org), *An International* ..., p. 229

[459] F. Enderlein, – D. Maskow, *International* ..., p. 307; H. Stoll, in P. Schelechtriem , *Commentary* ..., pp. 586 e 589; M. Bridge, *The International* ..., p 595.

[460] K. H. Neumayer – C. Ming, *Convention* ..., p. 508.

entregues ou nem mesmo manufaturados. Do contrário, como analisado no capítulo anterior, a resolução contratual deve ser ao máximo evitada, justamente em razão dos prejuízos envolvidos na devolução de mercadorias que foram entregues ou que estejam em trânsito.[461]

Tem-se, portanto, que as medidas razoáveis são aquelas esperadas por uma pessoa de boa-fé, dentro das circunstâncias especiais do caso concreto[462]. Segundo B. Zeller, a análise dos tribunais europeus para estas circunstâncias normalmente se limita à questão: *could the situation have been changed but for the [créditor's] behavior?*[463]

Outro dilema unanimemente mencionado e analisado pelos principais estudiosos da CISG diz respeito ao fato de a "sanção" prevista pelo artigo 77 à parte lesada que não toma qualquer medida para mitigar danos ser relacionada apenas com a "*redução na indenização das perdas e danos*". Ou seja, cabe à parte que cometeu o inadimplemento, em princípio, tão somente o pedido de redução da indenização a ser paga, não se estendendo a outros remédios previstos pela CISG, como, por exemplo, a redução do preço das mercadorias, no caso de o inadimplente ser um comprador.[464]

Esta limitação à indenização foi alvo de intenso debate na última semana que antecedeu a aprovação do texto final da CISG, após a proposta elaborada pela delegação dos Estados Unidos da América, liderada pelo professor J. O. Honnold.[465] A proposta pretendia incluir, na segunda parte do artigo 77, logo após o pedido de redução da indenização, a seguinte frase "*ou outra modificação ou ajuste correspondente de qualquer outro remédio*".[466]

[461] H. Stoll, in P. Schelechtriem , *Commentary* ..., p. 589.

[462] F. Enderlein, – D. Maskow, *International* ..., p. 307; V. Knapp, *in* C. M. Bianca - M. J. Bonell, *Commentary* ..., p. 560; B. Zeller *in* J. Felemegas (org), *An International* ..., p. 488.

[463] B. Zeller *in* J. Felemegas (org), *An International* ..., p. 489.

[464] V. Knapp, *in* C. M. Bianca - M. J. Bonell, *Commentary* ..., p. 561; E. A. Farnsworth *apud* A. H. Kritzer, *Guide to Practical* ..., p. 495; F. Enderlein, – D. Maskow, *International* ..., p. 307; A. H. Kritzer, *Guide to Practical* ..., p. 495.

[465] *Official Records of the United Nations Conference on Contracts for the International Sale of Goods, Vienna 10 March-11 April 1980,* A/CONF.97/C.l/SR.30, p. 396; A. H. Kritzer, *Guide to Practical* ..., p. 496; V. Knapp, *in* C. M. Bianca - M. J. Bonell, *Commentary* ..., p. 565.

[466] Tradução livre do trecho: *"or a corresponding modification or adjustment of any other remedy" in Official Records of the United Nations Conference on Contracts for the International Sale of Goods, Vienna 10 March-11 April 1980,* A/CONF.97/9 p. 81 e A/CONF.97/11, p. 133; J. O. Honnold, *Uniform Law* ..., p. 461.

A intenção era tornar a regra mais ampla a ser aplicável a outras situações que possam desembocar em uma obrigação de mitigar danos. Afinal, o início do artigo 77 fala em "prejuízos" de modo geral, ao passo que a segunda parte restringe a atuação do inadimplente à indenização.[467]

O exemplo citado durante a Conferência de 1980 refere-se a um comprador que se dá conta, pouco depois de fazer o pedido ao vendedor, que não terá condições de usar as mercadorias e, como consequência, propõe ao vendedor o pagamento de indenização correspondente aos gastos incorridos até aquele momento e que cancele o pedido. No entanto, ao invés de cancelar, o vendedor insiste na fabricação das mercadorias e demanda o comprador ao pagamento do preço integral das mercadorias.

Neste exemplo, explica Honnold, pela aplicação estrita do artigo 77, não poderia o comprador pleitear a redução do preço das mercadorias com base no ônus do vendedor de mitigar de danos, mas apenas a redução de eventuais prejuízos incorridos pelo vendedor com a perda da venda.[468] Assim, a preocupação era conferir ao inadimplente o direito de diminuir a perda decorrente de seu inadimplemento antecipado.[469]

A sugestão sofreu grandes objeções, em especial por ter sido colocada de "última hora", quando não havia mais tempo para longas discussões, tendo sido rejeitada para a redação final do artigo 77[470]. A principal justificativa foi a de que a redação proposta pelos Estados Unidos da América ampliava demasiadamente a aplicação do dispositivo, permitindo aos contratantes de má fé escaparem de suas obrigações.[471]

No que tange o exemplo específico do inadimplemento antecipado, lembraram alguns delegados que os artigos 71 e 72 da CISG, que estabelecem os remédios disponíveis neste caso, não impõem uma obrigação à parte lesada de suspender ou resolver o contrato quando seja evidente o não cumprimento pela outra parte, mas uma mera faculdade.[472]

[467] J. O. Honnold, *Uniform Law* ..., p. 461.

[468] *Official Records of the United Nations Conference on Contracts for the International Sale of Goods, Vienna 10 March-11 April 1980*, A/CONF.97/C.1/SR.30, p. 396.

[469] V. Knapp, *in* C. M. Bianca - M. J. Bonell, *Commentary* ..., p. 564.

[470] J. O. Honnold, *Uniform Law* ..., p. 461; A. H. Kritzer, *Guide to Practical* ..., p. 496.

[471] V. Knapp, *in* C. M. Bianca - M. J. Bonell, *Commentary* ..., p. 566.

[472] Nota-se que os referidos artigos utilizam o termo "poderá" Artigo 71 (1): *Uma parte poderá suspender o cumprimento de suas obrigações se, após a conclusão do contrato, tornar-se evidente que a outra parte não cumprirá parcela substancial de suas obrigações, devido*: (...) Artigo 72 (1): (1) *Se antes da data do adimplemento tornar-se e*Vidente *que uma das partes incorrerá em violação essencial do*

Desse modo, no exemplo citado pela delegação norte americana, não estaria o vendedor obrigado a resolver o contrato em razão da proposta do comprador de cancelar o pedido. Além disso, caso o vendedor não entenda a proposta do comprador como uma violação essencial do contrato, nos termos do artigo 25 analisado anteriormente, a ele se resguarda o direito de insistir na execução específica do contrato pelo comprador, demandando o pagamento integral do preço.[473]

O exemplo que embasou a proposta de alteração do texto do artigo 77 cria, portanto, uma situação de confronto direto entre a regra da mitigação de danos e o direito à execução específica previsto nos artigos 46 (para o comprador) e 62 (para o vendedor) que não pôde ser propriamente esclarecido.[474]

A despeito de a sugestão de alteração da segunda parte do artigo 77 ter sido rejeitada, o intuito da Conferência foi de conferir uma interpretação ampla a este dispositivo, porém não tão ampla a ponto de permitir ou encorajar uma parte a não cumprir suas obrigações e deveres dentro do contrato. Dentre outras questões que ficaram acordadas à época de aprovação do texto da CISG, houve o consenso acerca da não obrigação de resolver o contrato e do direito de demandar a execução específica em caso de inadimplemento, seja ele antecipado ou não.[475]

A partir destas conclusões, percebe-se uma limitação, pelo menos no que diz respeito à redação literal do artigo 77, à aplicação deste dispositivo a outros remédios previstos pela CISG, sendo permitido tão somente o pedido de redução da indenização. A existência deste limite corrobora com o entendimento de que a mitigação de danos não pode ser considerada um "dever jurídico", na medida em que não se aplica plenamente à coletividade, sendo inclusive preterido quando em confronto com o direito à execução específica.[476]

contrato, poderá a outra parte declarar a rescisão deste (...); V. Knapp, *in* C. M. Bianca - M. J. Bonell, *Commentary* ..., p. 565; J. O. Honnold, *Uniform Law* ..., p. 458.

473 V. Knapp, *in* C. M. Bianca - M. J. Bonell, *Commentary* ..., p. 564; H. Stoll, in P. Schelechtriem , *Commentary* ..., p. 587.

474 J. O. Honnold, *Uniform Law* ..., p. 461; H. Stoll, in P. Schelechtriem , *Commentary* ..., pp. 587-588.

475 V. Knapp, *in* C. M. Bianca - M. J. Bonell, *Commentary* ..., p. 566; A menos que se refira a uma violação essencial do contrato.

476 J. Lookofsky, *The 1980* ..., p. 135.

De qualquer modo, por maior que seja a importância dos trabalhos preparatórios e do contexto envolvido na elaboração de um tratado internacional, nos termos dos artigos 31 e 32 da CVDT[477], estes não podem ser decisivos em todas as ocasiões. Afinal, apenas com a aplicação prática da CISG no dia a dia do comercio internacional e pela análise do caso concreto é possível identificar o real alcance dos dispositivos extensamente discutidos na Conferência de Viena.[478]

O exemplo preconizado por J. O. Honnold nos parece realmente injusto em relação ao comprador que, apesar de inadimplir o contrato, buscou fazer propostas para reduzir o prejuízo que aquele contrato náufrago poderia causar às duas partes. Seria razoável que este fosse condenado a pagar pelo preço total de mercadorias que sequer seriam úteis aos seus negócios por um mero capricho vendedor? Acredita-se que não.

O entendimento predominante é o de que, realmente, os direitos subjetivos à resolução ou execução específica do contrato se sobrepõem ao direito do inadimplente em demandar uma redução dos prejuízos. Afinal, as regras internacionais, assim como as nacionais aplicáveis a contratos, são traçadas para atender muito mais ao interesse do credor adimplente do que ao daquele que viola o vínculo obrigacional. No entanto, a existência de conflitos deve ser sempre avaliada cuidadosamente e levar em consideração as circunstâncias individuais do caso concreto a fim de evitar desperdícios.[479]

A partir deste exame, não seria razoável – e a razoabilidade é, sem ressalvas, um dos parâmetros de comportamento norteadores da Convenção – impedir o comprador exemplificado por Honnold de buscar a redução do preço das mercadorias contra um vendedor que não adotou as medidas esperadas por outro comerciante na mesma posição econômica e con-

[477] Artigo 31(1): *Um tratado deve ser interpretado de boa-fé segundo o sentido comum atribuível aos termos do tratado em seu contexto e à luz de seu objetivo e finalidade; Artigo 32: Pode-se recorrer a meios suplementares de interpretação, inclusive aos trabalhos preparatórios do tratado e às circunstâncias de sua conclusão, a fim de confirmar o sentido resultante da aplicação do artigo 31 ou de determinar o sentido quando a interpretação, de conformidade com o artigo 31: a)deixa o sentido ambíguo ou obscuro; ou b) conduz a um resultado que é manifestamente absurdo ou desarrazoado.*

[478] G. S. Kulesza, *Mitigação de Danos ...*, pp. 415-416; H. Stoll, in P. Schelechtriem , *Commentary ...*, p. 589.

[479] H. Stoll, in P. Schelechtriem , *Commentary ...*, p. 589; F. Enderlein, – D. Maskow, *International ...*, p. 308; J. O. Honnold, *Uniform Law ...*, p. 391.

tratual. Em casos como este[480], a mitigação de danos pode se sobrepor ao direito à execução específica.

Importante salientar que semelhante discussão não existia quanto à interpretação da antiga ULIS[481], uma vez que os artigos 25 e 61(2) daquele diploma proibiam expressamente o comprador ou vendedor, em caso de inadimplemento da outra parte, de requerer a execução específica do contrato (pagamento do preço ou entrega de mercadorias) quando fosse razoável a eles adotar outra medida para evitar prejuízos, como a revenda ou compra substitutiva de mercadorias:

> *Article 25: The buyer shall not be entitled to require performance of the contract by the seller, if it is in conformity with usage and reasonably possible for the buyer to purchase goods to replace those to which the contract relates. In this case the contract shall be ipso facto* avoided as from the time when such purchase should be effected.

> *Article 61(2): 2. The seller shall not be entitled to require payment of the price by the buyer if it is in conformity with usage and reasonably possible for the seller to resell the goods. In that case the contract shall be ipso facto* avoided as from the time when *such resale should be effected.*(grifos não originais)

O sopesamento entre o direito à execução específica e a exigência de mitigar os prejuízos já era estabelecido naquele texto convencional. Referidos dispositivos, todavia, foram retirados quando da elaboração da CISG.[482]

Esclarece-se, por fim, que o ônus da prova sobre a não mitigação de danos pelo credor recai sobre a parte em inadimplemento, visto ser esta a interessada na redução da indenização a ser paga. Tamanha a importância conferida à exigência da mitigação de danos, entende-se que a possibilidade de redução da indenização, bem como avaliação do *quantum* desta

[480] Vide outros exemplos semelhantes em J. O. Honnold, *Uniform Law...*, pp. 457 a 461, em especial exemplos 77C, 77D e 77E; M. Bridge, *The International ...*, p. 595.

[481] Vide Parte I, Capítulo 1 acima.

[482] E. A. Farnsworth *apud* A. H. Kritzer, *Guide to Practical ...*, p. 495.

redução, é deixada à apreciação dos juízes e árbitros, sendo possível, inclusive, sua aplicação ofício.[483]

2 Direito Brasileiro – Complementação pela CISG

É possível dizer que, por meio do artigo 77, a CISG estabelece um tratamento especial e singular à mitigação de danos de modo distinto do que se verifica em outros tratados internacionais que contemplam regras e princípios contratuais, bem como nos diferentes códigos civis e comerciais nacionais.

Por ser uma expressão do dever de observar a boa-fé contratual e considerada uma conduta óbvia na esfera do comercio internacional[484], a exigência da mitigação de danos é amplamente aplicada e conhecida nos diferentes sistemas jurídicos, ainda que não positivada ou claramente definida, como feito pela CISG e pelos países de *common law* com o *duty de mitigate*[485].

Por exemplo, a regra da mitigação de prejuízos prevista nos Princípios Unidroit (artigo 7.4.8) e mesmo nos Princípios Europeus de Direito Contratual (artigo 9:505) é colocada de maneira mais branda, não impondo diretamente à parte ofendida pelo inadimplemento um ônus de adotar "medidas razoáveis" para diminuir prejuízos, como previsto na CISG[486]. Estabelecem estes artigos tão somente que a parte em inadimplemento não é responsável pelo pagamento dos prejuízos que poderiam ter sido evitados pela parte lesada:

[483] K. H. Neumayer – C. Ming, *Convention* ..., p. 510; H. Stoll, in P. Schlechtriem, *Commentary* ..., p. 590; E. Opie in J. Felemegas (org), *An International* ..., p. 230.

[484] M. Mustill, *The New Lex Mercatoria: The First Twenty-five Years,* Arb.Int'l, 1988, p. 113.

[485] H. Stoll, in P. Schlechtriem, *Commentary* ..., p. 586; B. Zeller J. Felemegas (org), *An International* ..., p. 486; V. Knapp, *in* C. M. Bianca - M. J. Bonell, *Commentary* ..., p. 559; F. Enderlein, – D. Maskow, *International* ..., p. 308; J. Martins Costa, *Comentários ao Novo Código Civil. Do inadimplemento das Obrigações, arts. 389 a 420,* vol. V, tomo II, coord. por S. F. Teixeira, 2ª ed., Rio de Janeiro, Forense, 2009, p. 344; C. S. Zanetti, *A Mitigação do Dano e Alocação de Responsabilidade,* in Revista Brasileira de Arbitragem, vol. 35, jul/ago/set 2012, pp. 29-30.

[486] Nota-se que o artigo 77 da CISG dispõe expressamente que a parte que invocar o inadimplemento do contrato *"deverá"* tomar as medidas (...); E. Opie, in J. Felemegas (org), *An International* ..., p. 230.

Princípios Unidroit 7.4.8(1): The non-perforMing party is not liable for harm suffered by the aggrieved party to the extent that the harm could have been reduced by the latter party's taking reasonable steps.

PEDC 9:505: (1) The non-perforMing party is not liable for loss suffered by the aggrieved party to the extent that the aggrieved party could have reduced the loss by taking reasonable steps.

De modo semelhante, nos sistemas de *civil law* a aplicação do artigo 77 da CISG era considerada uma "novidade" com grande impacto para o direito contratual doméstico. Não foi diferente com o Brasil, onde a opinião majoritária é no sentido de que a mitigação de danos não era positivada pelo direito contratual interno, mas que decorreria do princípio da boa-fé objetiva, preconizado no artigo 422 do CCB.[487]

Esta interpretação do artigo 77 já era aplicada pela (escassa) jurisprudência brasileira sobre a CISG antes mesmo de sua entrada em vigor[488], cujas decisões também fundamentam o dever de mitigar danos no princípio da vedação ao abuso de direito previsto no artigo 187 do CCB[489].

Afora a doutrina e jurisprudência, o mais próximo de reconhecimento expresso neste sentido seria a aprovação do Enunciado 169 da III Jornada de Direito Civil que, ao apresentar critérios interpretativos ao referido artigo 422, estabelece que "*O princípio da boa-fé objetiva deve levar o credor a evitar o agravamento do próprio prejuízo*", reconhecidamente inspirado no artigo 77 da CISG [490]. Desse modo, diz-se que o ônus da parte ofendida

[487] C. S. Zanetti, *A Mitigação do Dano ...*, p. 29; G. S. Kulesza, *Princípio ...*, pp. 198 e 208; P. Nalin - H. Sirena, *A Convenção de Viena de 1980 e a sistemática contratual brasileira: a recepção principiológica do duty to mitigate the loss*, in Revista Trimestral de Direito Civil, vol. 49, 2002, p. 147; J. Martins-Costa, *Comentários ...*, pp. 344-345; V. M. Jacob de Fradera, *Pode o credor ...*, p. 116. TJSP, AC nº 1008875-11.2014.8.26.0564, Rel. Des. Mary Grün, j. 04/09/2018.

[488] Vide STJ, REsp. n. 758.518, Rel. Des. (convocado do TJRS) Vasco Della Giustina, j. 17/06/2010; TJRS, AC nº 70025609579, Rel. Des. Umberto Guaspari Sudbrack, j. 20/05/2009; TJSP, AC n° 1.170.013-01, Rel. Des. Candido Além, j. 03/07/2007.

[489] Artigo 187 do CCB: *Também comete ato ilícito o titular de um direito que, ao exercê-lo, excede manifestamente os limites impostos pelo seu fim econômico ou social, pela boa-fé ou pelos bons costumes.*

[490] Enunciado elaborado pela Professora Vera Maria Jacob de Fradera. Disponível em: https://www.cjf.jus.br/cjf/corregedoria-da-justica-federal/centro-de-estudos-judiciarios-1/publicacoes-1/jornadas-cej/EnunciadosAprovados-Jornadas-1345.pdf.

de mitigar danos adentrou de vez o ordenamento jurídico com a promulgação da CISG.

Com efeito, não existe em todo o CCB e demais normas brasileiras qualquer dispositivo que se assemelhe ao artigo 77 da Convenção, isto é, que *imponha* ao credor da indenização um ônus amplo de mitigar danos, mas apenas de modo específico, como, por exemplo, no âmbito dos contratos de seguro.[491]

No entanto, o fundamento para a integral recepção e compatibilização deste artigo ao ordenamento jurídico brasileiro, a nosso ver, não encontra respaldo unicamente no princípio da boa-fé objetiva do artigo 422, mas também na própria regulamentação específica da indenização por perdas e danos, ainda que pouco explorada, especialmente pela jurisprudência[492].

No direito brasileiro, assim como em outros sistemas, a indenização por perdas e danos decorre tanto da responsabilidade contratual por inadimplemento, como da responsabilidade extracontratual ou *aquiliana*, pelo cometimento de ato ilícito[493]. No que tange a responsabilidade civil contratual, as regras aplicáveis à indenização devida pela parte inadimplente constam dos artigos 402 a 405 do CCB, ao passo que a indenização devida em virtude do cometimento de ato ilícito é regulada pelos artigos 944 a 954.

Embora nenhum destes artigos se refira ao ônus de mitigar danos pela vítima do inadimplemento ou do ato ilícito, o artigo 945 do CCB[494], novo em relação ao anterior Código Civil de 1916, introduz a noção de *concorrência da vítima* para o dano com o efeito de reduzir o montante da indenização

[491] Vide artigo 771 do CCB que impõe ao credor uma conduta para salvaguardar seus próprios interesses: *Sob pena de perder o direito à indenização, o segurado participará o sinistro ao segurador, logo que o saiba, e tomará as providências imediatas para minorar-lhe as consequências.*

[492] Dentre os poucos acórdãos pesquisados sobre a aproximação do conceito de mitigação de danos e contribuição da vítima, a maioria é relacionada a hipóteses de responsabilidade civil extracontratual, como crimes e acidentes. Vide, por exemplo, TJRS, Apel. n.70028036465, Rel. Des. Liege Puricelli Pires, 09/04/2009.

[493] Diz-se responsabilidade contratual quando esta decorre do descumprimento de um dever que tem seu fundamento em negócio jurídico, enquanto que a extracontratual (ou aquiliana) deriva de atividade que fere dever que não tem seu fundamento em negócio jurídico, mas na própria lei. Vide: C. do Couto e silva, *O dever de indenizar*, in V. M. Jacob de Fradera, *O Direito Privado Brasileiro na Visão de Clóvis do Couto e Silva*, 1ª ed., 1997, p. 197.

[494] Artigo 945: *Se a vítima tiver concorrido culposamente para o evento danoso, a sua indenização será fixada tendo-se em conta a gravidade de sua culpa em confronto com a do autor do dano.*

devida com base na proporção em que a vítima tenha contribuído para a ocorrência do dano ou para o seu aumento. Em outros termos, o ilícito poderia ter gerado um prejuízo menor se a vítima não tivesse cometido um ato irregular, o qual acaba por reduzir a responsabilidade do devedor inadimplente.[495]

A contribuição da vítima para o resultado danoso ou sua extensão é tratada pela doutrina como espécie de *concausa*, isto é, hipótese em que os prejuízos possuem mais de uma causa ou quando, apesar de decorrer de apenas uma conduta faltosa, a sua extensão decorre de outra.[496] Quando uma destas concausas advém da conduta do próprio agente lesado, fala-se em concorrência da vítima, capaz de reduzir o montante da indenização devida pelo ofensor.[497]

Apesar do silêncio da lei, é pacífico na doutrina brasileira que a contribuição da vítima para o dano ou para sua extensão tanto se refere às indenizações decorrentes de atos ilícitos – como expresso no artigo 945 – quanto às indenizações por descumprimento de obrigações contratuais.[498] Assim, é igualmente reconhecida a possibilidade de redução da responsabilidade do devedor inadimplente quando o credor que, não concorrendo diretamente para o prejuízo, concorre para seu agravamento, hipótese que ora interessa a este capítulo.

Pontes de Miranda[499] resume esta regra, desenvolvida pela doutrina, da seguinte forma:

[495] J. de Aguiar Dias, *Da responsabilidade civil.* 11ª ed., atualizada por R. Berford Dias, Rio de Janeiro, Renovar, 2006, p. 944; S. Cavalieri Filho, – C. A. M. Direito, *Comentários ao Novo Código Civil. Da Responsabilidade Civil. Das preferências e Privilégios Creditórios, arts. 927 a 965*, vol. XIII, coord. por S. de F. Teixeira, Rio de Janeiro, Forense, 2004, p. 370; W. R. De Carvalho *et al*, *Comentários ao Código Civil Brasileiro.Dos atos unilaterais. Dos títulos de crédito. Da responsabilidade civil. Das preferências e privilégios creditórios (arts. 854 a 965)*, vol. VIII, coord. por A. Alvim - T. Alvim, Rio de Janeiro, Forense, 2013, p. 460; A. Alvim, *Da Inexecução ...*, p. 353.

[496] C. do Couto e Silva, *O dever ...*, p. 196.

[497] J. C. Ferreira da Silva, *Inadimplemento das Obrigações*, in M. Reale – J. Martins-Costa (coord.), *Estudos em Homenagem ao Professor Miguel Reale*, vol. 7, São Paulo, Revista dos Tribunais, 2007, pp. 203 e 206; J. Martins-Costa, *Comentários ...*, pp. 502 e 507; F. C. Pontes de Miranda, *Tratado ...*, tomo XXII, p. 195.

[498] F. C. Pontes de Miranda, *Tratado ...*, tomo XXII, p. 196; J. C. Ferreira da Silva, *Inadimplemento ...*, p. 206.

[499] F. C. Pontes de Miranda, *Tratado ...*, tomo XXII, p. 196.

> Se, para a produção do dano, a pessoa contribuiu com a sua culpa (concausa ou determinação de aumento do dano), tem-se de apurar, conforme as circunstâncias, a qual dos causadores se há de atribuir a maior responsabilidade e fixar-se-á o que há de prestar o ofensor.

A regra da concorrência da vítima aplica-se de maneira que ofensor apenas responde até o limite da conduta da vítima, retirando-se do montante dos prejuízos a serem indenizados aquela parcela dos danos causados ou agravados pela própria parte lesada.[500]

Ou seja, ainda que o direito brasileiro não conhecesse, até a entrada em vigor da CISG, a figura da "mitigação de danos", já era prevista a sanção à parte ofendida que "contribui" para o agravamento do prejuízo, consistindo na redução do montante da indenização a ser recebida. Referida sanção à vítima aplica-se, assim como na CISG, às duas modalidades de prejuízos, abrangendo ambos os danos emergentes e lucros cessantes.[501]

Até mesmo a noção de *razoabilidade* é aplicada à avaliação da conduta da vítima para que esta não agrave o evento danoso, noção esta muito parecida com o analisado acima para o artigo 77 da CISG. Novamente, ensina Pontes de Miranda[502]:

> Os fatos que há de praticar o que pode ser ofendido, ou que o foi, para que se não impute ser concausador, ou agravador do dano, são os que um homem razoável praticaria, sendo da aptidão ou profissão especial que ele tem.

A dúvida recai sobre o limite do comportamento exigível pelo direito brasileiro à vítima. Deve esta intervir, isto é, *agir* positivamente para diminuir os resultados danosos, ou apenas se abster de contribuir para agravar o ocorrido?[503]

500 F. C. Pontes de Miranda resume a questão da seguinte forma: "*Se o ofendido concorreu para o dano, ou se o aumentou, a relação de causação entre o dano e o fato pelo qual outrem é responsável é apenas a do dano causado menos aquele que se liga ao ato do ofendido*", *Tratado ...*, tomo XXII, p. 197. No mesmo sentido, J. Martins-Costa, *Comentários ...*, p. 508. e J. de Aguiar Dias, *Da responsabilidade ...*, p. 945.

501 J. de Aguiar Dias, *Da responsabilidade civil*, 1995, *apud*, G. S. Kulesza, *Princípio ...*, p. 202.

502 F. C. Pontes de Miranda, *Tratado ...*, tomo XXII, p. 198.

503 J. C. Ferreira da Silva, *Inadimplemento ...*, p. 206.

A interpretação mais ampla ou mais restritiva da regra brasileira a fim de ponderar se a "não contribuição para o dano" se aproxima da ideia de "mitigar" prevista na CISG funda-se no princípio da boa-fé. Segundo A. Alvim[504], tanto a postura ativa, como a "inatividade" da vítima pode ser considerada para o rompimento do nexo causal (entre o ato e o dano) no direito brasileiro, reduzindo a indenização a ela devida.

Tomando-se como ponto de referência a intenção e os efeitos das duas regras, entende-se que o conceito de "agir" para mitigar danos é, sem dúvidas, equivalente à "vedação de contribuir" para estes danos. Ambas as regras, convencional e doméstica, possuem o mesmo efeito, qual seja: a redução da indenização devida à vítima por ato ou omissão desta. Desse modo, pode-se dizer que a razão por detrás da regra de mitigação de danos da CISG é a mesma que norteia a regra de contribuição para o agravamento dano existente e desenvolvida no direito brasileiro.

A posição acima sofre grande resistência da doutrina mais atual e especializada no assunto, segundo a qual não se pode extrair o "princípio" da mitigação de danos a partir da noção de concorrência da vítima por dois principais motivos[505]. Primeiramente, em razão de os dois institutos atuarem em momentos diferentes da relação contratual, *i.e.* a concorrência da vítima atuaria no momento anterior, para a causa do evento danoso, enquanto que a mitigação teria lugar em momento posterior, para o agravamento deste evento. Em segundo lugar, pelo fato de a regra da concausa da vítima não impor expressamente um ônus a ela de mitigar danos.

O primeiro motivo pode ser desde logo refutado, já que, como colocado acima, parece ser aceito pela doutrina brasileira que a concorrência do ofendido não se limita ao momento de ocorrência do dano, mas também se estende à fase de seu agravamento.[506]

Quanto ao segundo motivo, é preciso esclarecer que o presente capítulo não tem por objetivo defender que o ônus de mitigação de danos previsto pela CISG se confunde com a concorrência da vítima desenvolvido pelo direito brasileiro. Não há dúvidas, como dito acima, quanto à ausência de

504 A. Alvim, *Da Inexecução* ..., p. 362.

505 Vide, dentre outros, G. S. Kulesza, *Princípio* ..., pp. 206-208; C.S. B. Lopes, *Mitigação dos Prejuízos do Direito Contratual*, São Paulo, Saraiva, 2013, p. 167.

506 Neste sentido, J. Martins-Costa, *Comentários* ..., p. 507; J. C. Ferreira da Silva, *Inadimplemento* ..., p. 206; F. C. Pontes de Miranda, *Tratado* ..., tomo XXII, pp. 195, 196 e 200.

imposição, pela regra brasileira, de uma conduta ao credor, como ocorre na regra da CISG. Quer-se defender, tão somente, que os dois institutos são plenamente compatíveis, na medida em que são inspirados pelo mesmo princípio: ao credor somente será devida a integral indenização pelo prejuízo sofrido a depender de seu comportamento em relação a este.

Em ambos os sistemas, é a conduta da vítima (ativa ou omissa) que rompe o nexo causal entre o inadimplemento contratual e a ocorrência de danos.

Tanto é assim que, em outros sistemas de *civil law*, ambas as regras (mitigação e concorrência da vítima) fazem parte do mesmo dispositivo legal. Cita-se, por exemplo, o artigo 1.227 do Código Civil Italiano, segundo o qual "*Se il fatto colposo del creditore ha concorso a cagionare il danno, il risarcimento è diminuito secondo la gravità della colpa e l'entità delle conseguenze che ne sono derivate. Il risarcimento non è dovuto per i danni che il creditore avrebbe potuto evitare usando l'ordinaria diligenza.*"[507] A primeira parte do artigo refere-se à concorrência da vítima para ocasionar o dano, enquanto a segunda parte cuida da participação para evitar o dano. Semelhante é o tratamento conferido pelo direito alemão, pelo qual o grau de contribuição da parte lesada deve ser medido para o cálculo da indenização devida pelo ofensor.[508]

Logo, de forma alguma está a se afirmar que os institutos são idênticos. No entanto, não se pode ignorar o fato de que há uma relevante identificação

[507] Tradução livre: *Se o fato culposo do credor contribuiu para causar o dano, indenização é reduzida de acordo com a gravidade da falta e a extensão das conseqüências que resultaram. O ressarcimento não é devida aos danos que o credor poderia ter evitado usando a diligência ordinária.*

[508] Conforme §254 do BGB: (1) *Hat bei der Entstehung des Schadens ein Verschulden des Beschädigten mitgewirkt, so hängt die Verpflichtung zum Ersatz sowie der Umfang des zu leistenden Ersatzes von den Umständen, insbesondere davon ab, inwieweit der Schaden vorwiegend von dem einen oder dem anderen Teil verursacht worden ist.* (2) *Dies gilt auch dann, wenn sich das Verschulden des Beschädigten darauf beschränkt, dass er unterlassen hat, den Schuldner auf die Gefahr eines ungewöhnlich hohen Schadens aufmerksam zu machen, die der Schuldner weder kannte noch kennen musste, oder dass er unterlassen hat, den Schaden abzuwenden oder zu mindern. Die Vorschrift des § 278 findet entsprechende Anwendung.* Tradução livre: (1) *Se a parte lesada tiver contribuído com culpa para a causa do dano, a obrigação de ressarcimento, bem como o seu alcance, deve levar em conta as circunstancias, em especial, a extensão do dano causado por uma ou por outra parte.* (2) *O mesmo se aplica, quando a culpa da parte lesada se limita ao fato de esta ter se abstido de avisar o devedor sobre o perigo de um dano extraordinário, do qual o devedor não tinha conhecimento e nem pudesse conhecer, ou quando a parte lesada ter se abstido de evitar ou diminuir o dano. A regra do § 278 encontra correspondente aplicação;* C. S. Zanetti, *A Mitigação ...*, p. 36.

entre eles, podendo a concorrência da vítima ser considerada mais um fundamento – ao lado, e ainda que de maneira inferior, ao princípio da boa-fé objetiva – para a integral recepção da mitigação de danos no direito brasileiro.[509]

Essa identificação entre o artigo 77 da CISG e os sistemas de *civil law* para tratamento da participação da parte lesada na apuração dos danos também é reconhecida pelos principais estudiosos estrangeiros da Convenção.[510] Como diferença, alguns autores apontam a ausência de apreciação da culpa da ofendido pela CISG.[511]

Decorre do artigo 945 que, para que haja redução do montante devido a título de indenização, a parte lesada deve agir com culpa para concorrer com ou estender o dano ("*tiver concorrido culposamente*"). O mesmo se infere da análise dos dispositivos de outros sistemas de *civil law* mencionados acima ("*fatto colposo del creditore*" e "*Verschulden des Beschädigten*"). Já pela CISG, nenhuma observação é feita quanto à existência de culpa ou dolo da vítima, bastando que ela tome as medidas necessárias para diminuir o prejuízo do inadimplemento contratual.[512]

Isso ocorre porque o foco da CISG para a definição do montante a ser indenizado não é a participação *em favor do dano*, mas sim a participação *contra o dano*, por meio de uma conduta ativa direcionada à sua diminuição, pouco importando a intenção ou negligência, imprudência ou imperícia da vítima.

[509] Como visto anteriormente, afora a concorrência da vítima, junto à boa-fé objetiva, também podem ser mencionados na incorporação da regra da mitigação de danos a vedação ao abuso de direito (artigo 187 do CCB) e ao exercício tardio do direito à indenização intimamente a ela relacionada (Vide G. S. Kulesza, *Princípio* ..., pp. 208-215 e 216). Não pode o credor abusar de sua posição para agravar o dano, assim como não cabe a este se beneficiar do atraso em demandar a indenização com o objetivo de aumentar os juros e demais encargos previstos no artigo 404 do CCB (*As perdas e danos, nas obrigações de pagamento em dinheiro, serão pagas com atualização monetária segundo índices oficiais regularmente estabelecidos, abrangendo juros, custas e honorários de advogado, sem prejuízo da pena convencional*). Em ambos os casos, a intenção da lei é punir a contribuição para o agravamento do dano, tendo como efeito a redução da indenização devida ao credor, assim como no caso da concorrência de culpa.

[510] U. Magnus, *CISG in the German Federal Civil Court*, in F. Ferrari (coord.), *Quo Vadis CISG? Celebrating the 25th Anniversary of the United Nations Convention on Contracts for the International Sale of Goods*, Sellier, München, 2005, p. 233; J. Lookofsky – H. Bernstein, *Understanding the CISG in Europe* ..., p. 104; J. O. Honnold, *Uniform Law* ..., p. 455.

[511] F. Enderlein, – D. Maskow, *International* ..., p. 308; J. O. Honnold, *Uniform Law* ..., p. 455.

[512] *Idem, ibidem.*

Esta diferença entre os dispositivos, todavia, não é capaz de trazer maiores consequências à compatibilização da regra da mitigação de danos da CISG ao direito brasileiro. Importante salientar que a culpa prevista à conduta da vítima é aquela entendida de forma ampla para fins de verificação de responsabilidade civil (contratual ou extracontratual), a qual compreende não apenas o elemento subjetivo do ofendido, mas também a inexecução do dever, este também entendido em sentido amplo.[513]

Além disso, é pacífico na doutrina brasileira que a culpa, apesar de essencial para a apuração da responsabilidade civil[514], não é o critério decisivo para a apuração das perdas e danos, mas sim a extensão dos prejuízos dela decorrentes. Isto é, o foco da regra relativa ao dever de indenizar no direito brasileiro está no nexo causal entre os atos e suas consequências e não em seus autores[515]. Este entendimento decorre da interpretação do artigo 403[516] do CCB, pelo qual a indenização se calcula com base no prejuízo e não com base na gravidade da culpa.

Desse modo, entende-se que a necessidade de culpa, para fins de apuração da participação da vítima para a extensão dos prejuízos, é colocada mais com a finalidade afastar as hipóteses de caso fortuito, força maior e inimputabilidade. É pacífico que, nestes casos, a vítima, ainda que tenha contribuído para o dano, não poderá ser co-responsável na medida em que seu ato não rompeu o nexo causal iniciado com a conduta do ofensor.[517]

Por este motivo, apesar de a expressão "concorrência de culpas" ser a mais popular ao tratar do assunto, mais correto seria a referência à "causa" da vítima, ou à "conduta", "fato" ou "ato" da vítima, na medida em que os

[513] A. Alvim, *Da Inexecução* ...., p. 177.

[514] C.M. da Silva Pereira, *Instituições de Direito Civil, Teoria Geral das Obrigações*, vol. II, 22ª ed., atualizada por G. C. N. Gama, Rio de Janeiro, Forense, 2009, p. 319; A. Alvim, *Da Inexecução* ..., pp. 177 e 244.

[515] F. C. Pontes de Miranda, *Tratado* ..., tomo XXII, p. 195; G. Tepedino – H. H. Barboza – M. C. Bodin de Moraes, *Código Civil* ..., p. 865; J. Martins-Costa, *Comentários* ..., p. 508; C. do Couto e silva, *O dever* ..., p. 191.

[516] Artigo 403: *Ainda que a inexecução resulte de dolo do devedor, as perdas e danos só incluem os prejuízos efetivos e os lucros cessantes por efeito dela direto e imediato, sem prejuízo do disposto na lei processual.*

[517] F. C. Pontes de Miranda, *Tratado* ..., tomo XXII, p. 196; A. Alvim, *Da Inexecução* ..., pp. 352-353; C. do Couto e silva, *O dever* ..., p. 191; M. Gomes da Silva, *O dever de prestar* ..., p. 274.

danos se medem pela compensação de causas, e não pelas culpas, que não se compensam.[518]

Como se vê, estes esclarecimentos não importam à interpretação do artigo 77 da CISG, que não se preocupou em definir a "intenção" da vítima para agravar o dano. De qualquer modo, a conduta passiva do credor, de permanecer inerte frente à ocorrência de prejuízos que poderiam ser evitados, também pode demonstrar sua "intenção" em não mitigar os danos e, consequentemente, sua culpa. Por este motivo, tanto a omissão tratada pela CISG como a conduta ativa de contribuir para o dano envolveriam culpa e, desse modo, são levadas em conta para a aplicação da regra de diminuição dos danos indenizáveis pelo direito brasileiro.[519]

Outra diferença que poderia ser ventilada seria a possibilidade de não haver qualquer redução no montante a ser indenizado, ainda que a vítima tenha contribuído com culpa para a ocorrência ou extensão dos prejuízos, por ter o devedor inadimplente agido com dolo. Neste caso, pelo direito brasileiro, não se poderia falar em "culpa concorrente", já que o dolo não concorre com a culpa, tornando-se este suficiente para a causação do dano, independentemente do comportamento da vítima.[520] Essa ressalva, contuto, aplica-se tão somente aos casos de responsabilidade extracontratual, já que, como visto, o artigo 403 do CCB estabelece o pagamento de indenização "*ainda que a inexecução resulte de dolo do devedor*".

A questão referente ao exame da intenção da vítima pode ser considerada o único ponto de atenção digno de nota entre os dois sistemas no que tange a mitigação de danos. Não se fala em conflito, pois o regramento da CISG apenas acrescenta novas feições ao instituto da concorrência da vítima previsto pelo direito contratual brasileiro.

A partir de 2014, as partes lesadas pelo inadimplemento de contratos – frise-se, apenas nos contratos internacionais de compra e venda de mercadorias – poderão ter o montante de indenização por perdas e danos reduzido independentemente da verificação de sua culpa. O que antes se

[518] J. C. Ferreira da Silva, *Inadimplemento* ..., p. 206; F. C. Pontes de Miranda, *Tratado* ..., tomo XXII, p. 195; A. Alvim, *Da Inexecução* ..., p. 353; M. Gomes da Silva, *O dever de prestar* ..., p. 274.

[519] Vide acima A. Alvim (504 supra). No mesmo sentido, TJRS, Apel. n. 70022586994. Rel. Des. Guinther Spode, 01/04/2008, especialmente o voto do Presidente Redator Des. José Francisco Pellegrini.

[520] S. Cavalieri Filho, – C. A. M. Direito, *Comentários* ..., p. 372; F. C. Pontes de Miranda, *Tratado* ..., tomo XXII, p. 201.

restringia à mera abstenção de contribuir para o efeito danoso, cujo limite do comportamento aceitável era definido na análise do caso concreto, é complementado pela exigência de uma postura ativa pela vítima de não apenas evitar, mas também de atuar de modo razoável para diminuir os prejuízos decorrentes do erro de conduta alheia.

Vislumbra-se, portanto, também no que tange este tema relacionado à responsabilidade civil contratual, a função complementadora da CISG ao ordenamento jurídico brasileiro. É complementadora na medida em que acrescenta novas regras de conduta aos participantes da relação contratual quando celebrada no âmbito do comércio internacional. Além disso, assim como no caso da violação essencial do contrato, a CISG também se apresenta como relevante fonte de interpretação das regras nacionais sobre a indenização por perdas e danos nas demais esferas.

Ou seja, mesmo que a Convenção tenha seu escopo de aplicação limitado aos contratos internacionais, suas regras mais detalhadas podem ser muito úteis à interpretação e definição de alguns conceitos não propriamente definidos pelo direito brasileiro.[521] Por exemplo, a regra do artigo 77 pode, hoje, influenciar na interpretação dos artigos 402 a 405, 422 e 945 do CCB acima analisados, incorporando um conjunto mais amplo de condutas e possibilidades aplicáveis em diversos outros ordenamentos jurídicos.

É sempre importante reiterar ainda que, em razão do caráter dispositivo da CISG, as partes sempre poderão afastar a sua aplicação, desde que o façam expressamente nos termos do artigo 6[522]. Desse modo, mesmo nos contratos internacionais de compra e venda, pode o credor não ter o ônus de mitigar seu próprio prejuízo, a depender das negociações e acordos expressos entre as partes.

[521] P. Nalin - H. Sirena, *A Convenção* ..., p. 149; V. M. Jacob de Fradera, *A contribuição*..., p. 44.

[522] Vide Parte I, Capítulo 3, Item 1 acima.

Considerações Finais

A entrada em vigor da CISG no Brasil era muito aguardada pelos internacionalistas, por se esperar uma maior inclusão do Brasil no cenário do comércio internacional, assim como maior facilidade nas operações que envolvem a compra e venda de mercadorias. Por ser um instrumento original de uniformização de regras aplicáveis ao comércio internacional, a CISG representaria a diminuição, senão o fim, dos conflitos de leis antes resolvidos pelas regras brasileiras de direito internacional privado da LINDB, as quais nem sempre convergiam com os interesses das partes.

Porém, quando, após 25 anos de vigência internacional da CISG, o Brasil resolve a ela aderir, surgem diversos questionamentos sobre a sua aplicação e seus impactos ao ordenamento jurídico interno e à prática comercial, antes pautados pelas regras do CCB. Estes questionamentos são esperados sempre que algo novo adentra o complexo de regras habitualmente utilizadas, gerando, por vezes, receios e a necessidade de mais tempo para a adaptação às novas regras.

Neste sentido, esta obra buscou contribuir com essa adaptação da CISG ao direito contratual brasileiro, demonstrando que, apesar de novas e aparentemente distintas, as regras da CISG não trazem qualquer mudança brusca ao tratamento conferido pelo CCB a três dos temas que mais importam aos operadores do comércio internacional: a formação do contrato, a resolução do contrato por inadimplemento e a mitigação de danos.

Para tal demonstração, o estudo se iniciou com a apresentação do histórico e das principais características da Convenção. A partir destes dois capítulos iniciais, foi possível tratar dos princípios e parâmetros de interpretação da CISG previstos no artigo 7(1), nomeadamente, o seu caráter internacional, a necessidade de uniformização de sua aplicação e o respeito à boa-fé no comércio internacional.

O entendimento destes princípios tem crucial importância para a análise comparada dos dispositivos da CISG e do CCB, realizada na segunda parte deste livro, por também se retirar destes o caráter específico, limitado aos contratos internacionais, e também o fato de a CISG trazer regras dispositivas que podem ser excluídas nos termos de seu artigo 6.

Outra ponderação importante, anterior ao estudo específico dos institutos comparados, consistiu em esclarecer o âmbito de aplicação da CISG, tanto no plano internacional quanto no plano interno. A partir deste esclarecimento, outra consideração se fez relevante na análise individualizada, qual seja, a de que a CISG se aplica aos contratos internacionais de compra e venda. Disso decorre que, nos casos em que se verifica um potencial "conflito" entre os dois sistemas, apenas os contratos internacionais serão afetados pela mudança trazida pela CISG, permanecendo os demais sujeitos ao regramento do CCB.

Na segunda parte, foram identificados os principais pontos de contato entre as regras da CISG e do CCB no tocante aos temas assinalados acima. No que tange a formação dos contratos, a existência de potenciais conflitos entre as regras referentes à efetividade das comunicações entre proponente e oblato e à oferta ao público pode ser superada a partir da aplicação dos princípios interpretativos da CISG. Em ambos os casos, fica claro o caráter dispositivo das regras da CISG e do CCB, que estabelecem exceções que se encaixam aos interesses das partes no caso concreto.

A partir destes interesses, e também pela regra prevista no artigo 2º da LINDB, a CISG costuma substituir o CCB no tratamento destes dois temas por serem seus dispositivos mais coerentes à prática internacional. Quanto ao tema da revogabilidade da oferta, muito se fala da aparente contradição entre os sistemas convencional e nacional, principalmente em virtude da confusão existente na doutrina sobre os conceitos de "obrigatoriedade" e "revogabilidade".

No entanto, a análise destes conceitos demonstrou serem a CISG e o CCB indubitavelmente compatíveis, em especial pela ausência de dispositivo expresso sobre a revogabilidade da proposta no CCB. Neste caso, a CISG não apenas se aplica plenamente aos contratos internacionais, como também desempenha importante função complementadora ao CCB, permitindo sua melhor interpretação inclusive para contratos domésticos.

O segundo capítulo desta parte cuidou do delicado tema da resolução do contrato por inadimplemento. Delicado pois, de acordo com o texto expresso dos dois instrumentos, existiria um patente conflito entre a CISG, que apenas permite a resolução unilateral do contrato em casos excepcionais, e o CCB, que prevê como gatilho para a resolução unilateral apenas o inadimplemento, independentemente de sua gravidade. Esta potencial contradição é, todavia, facilmente superada com recurso à doutrina e jurisprudência, bem como aos princípios interpretativos da CISG.

Neste sentido, introduziu-se o conceito e as principais discussões envolvendo a figura da violação essencial do contrato (artigo 25 da CISG), cuja ocorrência permite, de acordo com os artigos 49 e 64 da Convenção, a resolução do contrato pela parte ofendida por tal inadimplemento. No direito brasileiro, apesar de não existir um dispositivo expresso no mesmo sentido, é pacífico na doutrina que apenas um inadimplemento suficientemente grave, o inadimplemento absoluto, é capaz de gerar ao credor o direito de resolução do contrato.

O referido capítulo também compreendeu uma breve análise acerca do direito à resolução do contrato em contraponto ao direito de cura pelo devedor e ao de execução específica. Esta também demonstrou diferenças existentes entre os dois sistemas. Neste tema específico, verifica-se que, enquanto para a CISG a resolução do contrato é uma decisão de *ultima ratio*, pelo CCB a escolha vincula-se primordialmente ao interesse do credor.

Contudo, esta diferença é compatível com o direito interno quando a análise se pauta nos princípios e parâmetros gerais da CISG, bem como em seu distinto escopo de aplicação, adaptado à realidade das transações internacionais de compra e venda de mercadorias. Este mesmo raciocínio também se aplica na solução de outro conflito formal referente à exigência de, pelo CCB, recorrer-se ao Poder Judiciário ou ao juízo arbitral a fim de se obter a resolução ou a execução específica do contrato.

A ausência deste requisito na CISG relaciona-se diretamente com a necessidade de maior dinamismo nas relações comerciais internacionais, as quais nem sempre podem aguardar o término de um processo judicial ou arbitral para serem desfeitas ou seguirem adiante. De qualquer modo, além da substituição do CCB para os contratos internacionais, também se vislumbra a função complementadora da CISG no que diz respeito ao tema da resolução do contrato, na medida em que os conceitos relativos à violação essencial do contrato podem ser utilizados na interpretação do artigo 475 do CCB.

O último tema estudado refere-se à mitigação de danos pelo credor adimplente, um ônus previsto pelo artigo 77 da CISG e que não encontra correspondente no CCB, a não ser no âmbito específico dos contratos de seguro[523]. De modo geral, a maioria dos autores mais recentes é da opinião de que a mitigação de danos decorre apenas da interpretação e aplicação do princípio da boa-fé objetiva, previsto no artigo 422 do CCB.

Nesta obra, buscou-se demonstrar que não apenas a boa-fé objetiva, mas as regras aplicáveis à concorrência da vítima para o agravamento do dano podem ser utilizadas, ainda que indiretamente, na compatibilização e integral recepção do artigo 77 ao direito contratual brasileiro. Diz-se indiretamente, pois enquanto a CISG impõe uma conduta positiva pelo credor ofendido (a de mitigar), o CCB veda uma conduta positiva do ofendido (contribuir).

A despeito desta diferença, a intenção e efeitos das duas normas são equivalentes ao resultarem na redução da indenização devida pelo ofensor em razão de uma conduta do ofendido, que rompe o nexo causal. Além de não ser contrária ao CCB, não podendo sequer se falar em substituição, a CISG aparece, também neste caso, como ferramenta complementadora ao direito nacional, permitindo a este ser melhor interpretado e expandindo o entendimento, que antes era limitado ao contrato de seguros, também aos contratos internacionais de compra e venda.

Todas estas ponderações feitas e conclusões obtidas ao longo desta obra não deixam dúvidas quanto aos benefícios trazidos com a ratificação da CISG pelo Brasil. Ao invés de trazer receio, acredita-se que, no futuro, a CISG possa inclusive extrapolar seu escopo e ser amplamente utilizada na elaboração e interpretação de outros contratos comerciais não caracterizados pela internacionalidade prevista no artigo 1 de seu texto vigente.

[523] Vide artigo 771 do CCB, transcrito na nota 491 supra.

Referências

Legislação Nacional / Tratados Internacionais / Princípios Internacionais:

Código Civil Alemão - Bürgerliches Gesetzbuch.

Código Civil Brasileiro, Lei nº 10.406\02.

Código Civil Brasileiro de 1916, Lei 3.071/16.

Código Comercial Brasileiro, Lei nº 556, de 25 de Junho de 1850.

Código de Defesa do Consumidor, Lei 8.078 de 11 de setembro de 1990.

Código Civil Italiano – Codice Civile Italiano de 16 de março de 1942.

Convenção Interamericana sobre Direito Aplicável aos Tratados Internacionais, de 1994.

Decreto-lei nº 745 de 7 de agosto de 1969.

Decreto nº 8.237 de 17 de outubro de 2014 que promulga a Convenção das Nações Unidas sobre os Contratos de Compra e Venda Internacional de Mercadorias, Viena, 1980.

Lei Brasileira de Arbitragem, Lei nº 9.307 de 23 de setembro de 1996.

Lei de Introdução ao Código Civil Brasileiro, Decreto-Lei nº 4.657 de 4 de setembro de 1942.

Lei Uniforme sobre a Formação dos Contratos de Compra e Venda Internacional de Mercadorias, de 1964.

Lei Uniforme sobre a Compra e Venda Internacional de Mercadorias, de 1964.

Princípios Europeus de Direito Contratual, de 2002.

Princípios Unidroit relativos aos Contratos Comerciais Internacionais, de 2010.

UN General Assembly Resolution 2205(XXI) of 17 December, 1966.

Jurisprudência:

Tribunais Arbitrais Internacionais:

ICC Court of Arbitration, nº 7656/1994 in ICC International Court of Arbitration Bulletin, 1995.

ICC Court of Arbitration, nº 11333, Paris, 01 de Janeiro de 2002, Cisg-online Case 1420.

Tribunais Nacionais:

Alemanha:

Supremo Tribunal Federal, Alemanha, Bundesgerichtshof, VIII ZR 51/95, 3 de Abril de 1996, Clout Case 171.

Tribunal Superior Regional de Koblenz, Alemanha, Oberlandesgericht Koblenz, 2 U 31/96, 31 de Janeiro de 1997, Clout Case 282.

Suprema Corte Alemã, Divisão Civil, Alemanha, Bundesgerichtshof, VIII. Zivilsenat, VIII ZR 259/97, 25 de Novembro de 1998, Cisg-online Case: 353.

Bélgica:

NV Boco v. S.r.l. Lenzi Egisto, Tribunal de Apelação, Hof van Beroep, 2001/AR/1982, Gent, 8 de novembro de 2004, disponível em: http://cisgw3.law.pace.edu/cases/041108b1.html.

Brasil:

Superior Tribunal de Justiça, REsp. n. 15.489-0, SP, Rel. Min. Sálvio de Figueiredo, D.J. de 05.09.1994.

Superior Tribunal de Justiça, Resp. n. 256.274, SP, Rel. Min. Ruy Rosado do Aguiar Junior, D.J. de 18.12.2000.

Superior Tribunal de Justiça, REsp. n. 272.739, MG, Rel. Min. Ruy Rosado de Aguiar Júnior, D.J. de 1.3.2001.

Superior Tribunal de Justiça, SEC n. 3.035-EX (2008/0044435-0), SP, Rel. Min. Fernando Gonçalves, D.J. de 31.08.2009.

Superior Tribunal de Justiça, REsp. n. 758.518, PR, Rel. Des. (convocado do TJRS) Vasco Della Giustina, 17.06.2010.

Tribunal de Justiça do Estado de São Paulo, Apel. n. 1.170.013-01, Rel. Des. Candido Além, 03/07/2007.

Tribunal de Justiça do Estado do Rio Grande do Sul, Apel. n. 70022586994. Rel. Des. Guinther Spode, 01.04.2008.

Tribunal de Justiça do Estado do Rio Grande do Sul, Apel. n. 70028036465, Rel. Des. Liege Puricelli Pires, 09.04.2009.

Tribunal de Justiça do Estado do Rio Grande do Sul, Apel. n. 70025609579, Rel. Des. Umberto Guaspari Sudbrack, 20.05.2009;

Tribunal de Justiça do Estado do Rio Grande do Sul, Apel. n. 70002532786, Rel. Des. Fernando Braf Henning Júnior, 14.08.2001.

Tribunal de Justiça do Estado do Rio Grande do Sul, Rec. In. n. 71000788745, Rel. Des. Heleno Tregnago Saraiva, 10.11.2005.

Tribunal de Justiça do Estado de São Paulo, Apel. n. 2011.0000157578, Rel. Des. Adilson de Andrade, 30.08.2011.

Tribunal de Justiça do Estado de São Paulo, Apel. n. 2014.0000168461, Rel. Des. Alexandre Marcondes, 25.03.2014.

Tribunal de Justiça do Estado do Rio Grande do Sul, Apel. nº 70072362940 (0000409-73.2017.8.21.7000), Rel. Des. Umberto Guaspari Sudbrack, 14.02.2017.

Tribunal de Justiça do Estado de São Paulo, Apel. n. 0028720-14.2009.8.26.0114, Rel. Des. Maia da Cunha, 21.02.2017.

Tribunal de Justiça do Estado do Rio Grande do Sul, Apel. N. 70072090608 (0419254-25.2016.8.21.7000), Rel. Des. Umberto Guaspari Sudbrack, 30.03.2017.

Tribunal de Justiça do Estado de São Paulo, Apel n. 1017284-39.2016.8.26.0003, Rel. Des. Hamid Bdine, 27.04.2017.

Tribunal de Justiça do Estado de São Paulo, Apel. n. 1008875-11.2014.8.26.0564, Rel. Des.

Mary Grün, 04.09.2018.

Espanha:

Audiencia Provincial de Barcelona, Division 17, Espanha, 07 de Junho de 1999, Clout Case 320.

Estados Unidos da América:

Tribunal Federal Distrital de Michigan, Estados Unidos da América, Federal District Court Michigan, nº 06-14553, de 28 de Setembro de 2007, Clout Case 845.

França:

Corte de Apelação de Grenoble, França, Cour d' appel de Grenoble, 93/4879, 26 de abril de 1995, Clout Case 152.

Suíça:

Tribunal do Comércio do Cantão de Zurique, Suíça, Handelsgericht des Kantons Zürich, HG 920670, 26 de Abril de 1995, Clout Case 196.

Tribunal Federal Suiço, (Departamento Civil), Suíça, Schweizerisches Bundesgericht (I. Zivilabteilung), 4C.179/1998, 28 de Outubro de 1998, Clout Case 248

Demais Referências

Aguiar Dias, José de, *Da responsabilidade civil.* 11ª ed., atualizada por R. Berford Dias, Rio de Janeiro, Renovar, 2006.

Aguiar Junior, Ruy Rosado de, *A Convenção de Viena e a resolução do contrato por incumprimento, in* Revista de Informação Legislativa, a.31, n. 121 jan./mar., Brasília, 1994.

__________, *A extinção dos Contratos, in* Fernandes, Wanderlei (coord.), *Contratos Empresariais: Fundamentos e Princípios dos Contratos Empresariais,* 2ª ed., São Paulo, Saraiva, 2012.

__________, *Comentários ao Novo Código Civil. Da extinção do Contrato, arts. 472 a 480,* vol. VI, tomo II, coord. por Teixeira, Salvio de Figueiredo, 1ª ed., Rio de Janeiro, Forense, 2011.

Akseli, Orkun *in* Felemegas, John (org), *An International Approach to the Interpretation of the United Nations Convention on Contracts for the International Sale of Goods (1980) as Uniform Sales Law,* New York, Cambridge University Press, 2007.

Albán, Jorge Oviedo *in* Felemegas, John (org), *An International Approach to the Interpreta-*

tion of the United Nations Convention on Contracts for the International Sale of Goods (1980) as Uniform Sales Law, New York, Cambridge University Press, 2007.

Alves, Rafael Francisco – Veronese, Lígia Espolaor, *The CISG has definitely entered into force in Brazil*, NYU Center for Transnational Litigation, Arbitration and Commercial Law - Transnational Notes, 2014.

Alvim, Agostinho, *Da Inexecução das Obrigações e suas Consequências*, 4ª ed., São Paulo, Saraiva, 1972.

Amaral Júnior, Alberto do – Celli Júnior, Umberto – Veronese, Lígia Espolaor, *A formação dos contratos após a CISG entrar em vigor no Brasil. Uma análise prática aos operadores do direito, in* Schwenzer, Ingeborg – Pereira, Cesar A. G. – Tripodi, Leandro (coord.), *A CISG e o Brasil*, Curitiba, Marcial Pons, 2015, (206-226).

Assis, Araken de, *in* ASSIS, Araken de – De Andrade, Ronaldo Alves – Pessoa Alves, Francisco Glauber, *Comentários ao Código Civil Brasileiro. Direito das Obrigações (arts. 421 a 578)*, vol. V, coord. por Alvim, Arruda – Alvim, Thereza, Rio de Janeiro, Forense, 2007.

__________, *Resolução do contrato por inadimplemento*, 5ª ed., São Paulo, Revista dos Tribunais, 2013.

Azevedo, Antônio Junqueira de, *Negócio Jurídico. Existência. Validade e Eficácia*, 4ª ed., São Paulo, Saraiva, 2008.

Audit, Bernard, *La vente internationale de merchandises: Convention des Nation Unies du 11 avril 1980*, Paris, L.G.D.J, 1990.

Bailey, James E., *Facing the Truth: Seeing the Convention on Contracts for the International Sale of Goods as an Obstacle to a Uniform Law of International Sales, in* 32 Cornell International Law Journal, 1999 (273-317).

Basilio, Ana Tereza, *Aplicação e Interpretação da Convenção de Viena sob a Perspectiva do Direito Brasileiro*, in Revista de Arbitragem e Mediação, ano 10, vol. 37, São Paulo, Revistas dos Tribunais, 2013.

Bento Soares, Maria Ângela – Moura Ramos, Rui Manuel, *Contratos Internacionais – Compra e venda – Cláusulas Penais, Arbitragem*, reimpr., Coimbra, Almedina, 1995.

Bessone De Oliveira, Darcy, *Do Contrato. Teoria Geral*, 4ª ed., São Paulo, Saraiva, 1997.

Bianca, C. Massimo – Bonell, Michael Joachim, *Commentary on the International Sales Law*, Milano, Giuffré, 1987.

Björklund, Andrea *in* Kröll, Stefan – Mistelis, Loukas – Viscasillas, Maria del Pilar Perales, *UN Convention on Contracts for the International Sale of Goods (CISG), Commentary*, München, Beck, 2011.

Bonell, Michael Joachim – Liguori, Fabio, *The U.N. Convention on the International Sale of Goods: A Critical Analysis of Current International Case Law* - 1997 (Part 1), Revue de droit uniforme/Uniform Law Review, 1997 (385-395).

Bridge, Michael *The International Sales of Goods, Law and Practice*, 2ª ed., Oxford, Oxford University Press, 1999.

Carvalho De Mendonça, José Xavier, *Tratado de Direito Comercial Brasileiro. Parte I - Das Obrigações em matéria comercial. Livro IV - Das Obrigações, dos Contratos e da Prescrição em Matéria Comercial*, vol. VI, Rio de Janeiro, Freitas Bastos, 1955.

Carvalho, Washington Rocha, *et al*, *Comentários ao Código Civil Brasileiro. Dos atos unilaterais. Dos títulos de crédito. Da responsabilidade civil. Das preferências e privilégios creditórios (arts. 854 a 965)*, vol. VIII, coord. por Alvim, Arruda – Alvim, Thereza, Rio de Janeiro, Forense, 2013.

Casado Filho, Napoleão *Breve Introdução sobre a CISG e sua Aplicabilidade no Brasil*, *In* Venosa, Sílvio de Salvo – Gagliardi, Rafael Villar – Terashima, Eduardo Ono, *A Convenção de Viena sobre Contratos de Compra e Venda Internacional de Mercadorias, Desafios e Perspectivas*, São Paulo, Atlas, 2015.

Cavalieri Filho, Sergio – Direito, Carlos Alberto Menezes, *Comentários ao Novo Código Civil. Da Responsabilidade Civil. Das preferências e Privilégios Creditórios, arts. 927 a 965*, vol. XIII, coord. por Teixeira, Sálvio de Figueiredo, Rio de Janeiro, Forense, 2004.

Cordeiro Neto, Alberto de Campos – Radael, Gisely Moura – Lopes, Luiz Felipe Calábria, *Brazil and the Accession to the 1980 United Nations Convention on Contracts for the International Sale of Goods (CISG): Advantages and Disadvantages*, 2011. Disponível em http://cisgw3.law.pace.edu/cisg/biblio/neto-radael-lopes.html.

Costa De Lima, Clarissa, *Reflexões sobre a resolução do contrato na nova teoria contratual*, in, Marques, Cláudia Lima, *A Nova Crise do Contrato, Estudos sobre a Nova Teoria Contratual*, São Paulo, Revista dos Tribunais, 2007.

Couto E Silva, Clovis do, *O dever de indenizar*, in Fradera, Vera Maria Jacob de, *O Direito Privado Brasileiro na Visão de Clóvis do Couto e Silva*, 1ª ed., 1997.

Cvetkovik, Predrag *in* Felemegas, John (org), *An International Approach to the Interpretation of the United Nations Convention on Contracts for the International Sale of Goods (1980) as*

Uniform Sales Law, New York, Cambridge University Press, 2007.

Dimatteo, Larry A., *et. al*, *International Sales Law, A critical analysis of CISG Jurisprudence*, Cambridge, Cambridge University Press, 2005.

Enderlein, Fritz – Maskow, Dietrich, *International Sales Law. United Nations Convention on Contracts for the International Sales of Goods. Convention on the Limitation Period in the International Sales of Goods.* New York, Oceana, 1992.

Eörsi, Gyula, *Problems Unifying Law on the Formation of Contracts for the International Sales, in* 27 *American Journal of Comparative Law*, 1979 (311-323). Disponível em: https://cisgw3.law.pace.edu/cisg/text/eorsi16.html.

Explanatory Note by the UNCITRAL Secretariat on the United Nations Convention on Contracts for the International Sale of Goods, Uncitral Document V.89-53886, 1989.

Ferrari, Franco, *in* Ferrari, Franco – Flechtner, Harry – Brand, Ronald, *The Draft UNCITRAL Digest and Beyond: Cases, Analysis and Unresolved Issues in the U.N. Sales Convention*, München, Sellier, 2004.

__________, *Fundamental Breach Under the UN Sales Convention: 25 years of Article 25 CISG*, 25 Journal of Law and Commerce, Spring 2006, (489-508).

__________, *International Sales of Goods, Applicability and Applications of the United Nations Conventions on Contracts for the International Sale of Goods*, Genève, Helbing & Lichtenhahn, 1999.

__________, *The CISG and its Impact on National Contract Law - General Report, in* Cordero, Jorge Sánches (ed.), *The impact of uniform law on national law: limits and possibilities*, 1ªed., México, Univ. Nacional Autónoma de México, 2010.

__________, *The Interaction between the United Nations Conventions on Contracts for the International Sale of Goods and Domestic Remedies*, in Rabels Zeitschrift für ausländisches und internationales Privatrecht, nº 71, 2007.

Ferreira Da Silva, Jorge Cesa, *Inadimplemento das Obrigações*, in Reale, Miguel – Martins--Costa, Judith (coord.), *Estudos em Homenagem ao Professor Miguel Reale*, vol. 7, São Paulo, Revista dos Tribunais, 2007.

Flechtner, Harry, *The CISG's Impact on International Unification Efforts: The UNIDROIT Principles of International Commercial Contracts and the Principles of European Contract Law, in* Ferrari, Franco (org), *The 1980 Uniform Sales Law: old issues revisited in the light of recent experiences*, Verona Conference 2003, München, Sellier European Law Publishers, 2003.

Fountoulakis, Christiana, *in* Schlechtriem, Peter – Schwenzer, Ingeborg, *Commentary on the UN Convention on the International Sale of Goods (CISG)*, 3ª ed., München, Beck, 2010.

Fradera, Vera Maria Jacob de, *A contribuição da CISG (Convenção de Viena sobre os Contratos de Compra e Venda Internacional) para atualização da noção de contrato no direito brasileiro, in* Revista de Arbitragem e Mediação, São Paulo, 34, jul. 2012 (43-52).

__________, *A Noção de Contrato na Convenção de Viena de 1980 sobre Venda Internacional de Mercadorias,* in Finkelstein, Cláudio – Vita, Jonathan B., – Casado Filho, Napoleão (coord.), *Arbitragem Internacional, UNIDROIT, CISG e Direito Brasileiro,* São Paulo, Quartier Latin, 2010.

__________, *Pode o credor ser instado a diminuir o próprio prejuízo?, in Revista Trimestral de Direito Civil,* vol. 19, jul.-set. 2004 (109-119).

__________, *O Caráter Internacional da CISG, In In* Venosa, Silvio de Salvo – Gagliardi, Rafael Villar – Terashima, Eduardo Ono, *A Convenção de Viena sobre Contratos de Compra e Venda Internacional de Mercadorias, Desafios e Perspectivas,* São Paulo, Atlas, 2015.

Garro, Alejandro *in* Ferrari, Franco – Flechtner, Harry – Brand, Ronald, *The Draft UNCITRAL Digest and Beyond: Cases, Analysis and Unresolved Issues in the U.N. Sales Convention,* München, Sellier, 2004.

__________, *Reconciliation of Legal Traditions in the U.N. Convention on Contracts for the International Sale of Goods,* in *International Lawyer,* 1989, (443-483). Disponível em: http://cisgw3.law.pace.edu/cisg/biblio/garro1.html.

Gomes Da Silva, Manuel, *O dever de prestar e o dever de indemnizar,* vol. I, Lisboa, Ramos, Affonso & Moita, 1944.

Gomes, Orlando, *Contratos,* 26ª ed., atualizada por AZEVEDO, Antônio Junqueira de – Marino, Francisco P. de Crescenzo, Rio de Janeiro, Forense, 2008.

__________, *Obrigações.* 17ª ed. atualizada por Brito, Edvaldo, Rio de Janeiro, Forense, 2009.

Graffi, Leonardo, *Case Law on the Concept of "Fundamental Breach" in the Vienna Sales Convention,* in *Revue de droit des affaires internationales / International Business Law Journal,* No. 3 (Forum Europeén de la Communication), Paris, 2003 (338-349).

Grebler, Eduardo, *The Convention on International Sale of Goods and Brazilian Law: are diferences irreconcilable?* in *Journal of Law and Commerce,* 2005-06 (467-476). Disponível em http://www.cisg.law.pace.edu/cisg/biblio/grebler.html.

Herber, Robert, *The German Experience, in* Ferrari, Franco (ed.), *The 1980 Uniform Sales Law: old issues revisited in the light of recent experiences*, Verona Conference 2003, München, Sellier European Law Publishers, 2003.

Heuzé, Vicent, *Traité des Contracts – La Vente Internationale de Marchandises: Droit Uniforme*, direção por Ghestin, Jaques, Paris, L.G.D.J., 2000.

Honnold, John O., *Uniform Law for International Sales under the 1980 United Nations Convention*, 3ª ed., The Hague, Kluwer Law International, 1999.

__________, *The Draft Convention on Contracts for the International Sale of Goods: An Overview, in* American Journal of Comparative Law, 1979 (223-231).

Honnold, John O. – Flechtner, Harry, *Uniform Law for International sales under the 1980 United Nations Convention*, The Hague, Kluwer Law International, 2009.

Huber, Peter - Mullis, Alastair, *The CISG, a new Textbook for students and practioners*, München, Sellier, 2007.

Huber, Peter, *Some Introductory remarks on the CISG, in* Internationales Handelsrecht, vol. 6, Mainz, Sellier European Law Publishers, 2006 (228-238). Disponível em: http://www.cisg.law.pace.edu/cisg/biblio/huber.html.

Jafarzadeh, Mirghasem, *Buyer's Right to Withhold Performance and Termination of Contract: A Comparative Study Under English Law, Vienna Convention on Contracts for the International Sale of Goods 1980, Iranian and Shi'ah Law*, 2001, disponível em http://www.cisg.law.pace.edu/cisg/biblio/jafarzadeh1.html.

Junior, Humberto Theodoro – Mello, Adriana Mandim Theodoro de, *Apontamentos sobre a Responsabilidade Civil na Denúncia dos Contratos de Distribuição, Franquia e Concessão Comercial*, In: *Doutrinas Essenciais de Responsabilidade Civil*, Vol. 2, São Paulo, Revista dos Tribunais, 2011.

Kazimierska, Anna, *The Remedy of Avoidance under the Vienna Convention on the International sales of Goods*, Pace Review of the Convention on Contracts for the International Sale of Goods, Kluwer Law International, 1999-2000, (79-192). Disponível em http://www.cisg.law.pace.edu/cisg/biblio/kazimierska.html.

Knapp, Victor *in* Bianca, Massimo C. – Bonell, Michael Joachim, *Commentary on the International Sales Law*, Milano, Giuffré, 1987.

Koch, Robert, *Commentary on whether the UNIDROIT Principles of International Commercial Contracts may be used to interpret or supplement article 25 CISG*, 2004, disponível em: http://www.cisg.law.pace.edu/cisg/biblio/koch1.html#rk*.

Kritzer, Albert H., *Guide to Practical Applications of the United Nations Convention on Contracts for the International Sales of Goods*, Boston, Kluwer Law and Taxation, 1989.

__________, *Overview Comments on reasonableness, a general principle of CISG*, disponível em: http://www.cisg.law.pace.edu/cisg/text/reason.html#overv.

__________, *The Convention on Contracts for the International Sales of Goods: Scope Interpretation and Resources*, in *Cornell Review of the Convention on Contracts for the International Sale of Goods*, 1995 (147-187). Disponível em: http://www.cisg.law.pace.edu/cisg/biblio/kritzer.html#KR*.

Kulesza, Gustavo dos Santos, *Mitigação de Danos e Execução Específica: até onde vai o Direito do Vendedor de Exigir o Pagamento do Preço? Análise à Luz do Direito Brasileiro*, *in* Schwenzer, Ingeborg – Pereira, Cesar A. G. – Tripodi, Leandro (coord.), *A CISG e o Brasil*, Curitiba, Marcial Pons, 2014.

__________, *Princípio da Mitigação de Danos – Evolução no Direito Contratual*, Curitiba, Juruá, 2015.

Leisinger, Benjamin K., *Fundamental Breach – Considering Non Conformity of Goods – Contribution on International Commercial Law*, München, Sellier, 2007.

Leonardo, Rodrigo Xavier, *A Denúncia e a Resilição: críticas e propostas hermenêuticas ao art.473 do CC/2002*, vol. 7, São Paulo, Revista dos Tribunais, 2016 (95-117).

Levy, Daniel de Andrade – Moreira, Rodrigo, *Notas sobre a Formação de Contrato na Convenção de Viena sobre Compra e Venda de Mercadorias*, *In* VENOSA, Silvio de Salvo – Gagliardi, Rafael Villar – Terashima, Eduardo Ono, *A Convenção de Viena sobre Contratos de Compra e Venda Internacional de Mercadorias, Desafios e Perspectivas*, São Paulo, Atlas, 2015.

Lookofsky, Joseph – Bernstein, Herbert L., *Understanding the CISG in Europe, A compact guide to the 1980 United Nations Convention on Contracts for the International Sale of Goods*, The Hague, Kluwer Law International, 1997.

Lookofsky, Joseph, *The 1980 United Nations Convention on Contracts for the International Sale of Goods*, *in* Herbots, Jacques H. – Blanpain, Roger, *International Encyclopaedia of Laws - Contracts*, Suppl. 29, The Hague, Kluwer Law International, December 2000 (1-192).

__________, *Understanding the CISG*, 3 ed., The Hague, Kluwer Law International, 2008.

Lopes, Christian S. B., *Mitigação dos Prejuízos do Direito Contratual*, São Paulo, Saraiva, 2013.

Magnus, Ulrich *in* Ferrari, Franco, *The CISG and its Impact on National Legal Systems*, Munich, Sellier, 2008.

__________, *in* Ferrari, Franco – Flechtner, Harry – Brand, Ronald, *The Draft UNCITRAL Digest and Beyond: Cases, Analysis and Unresolved Issues in the U.N. Sales Convention*, München, Sellier, 2004.

__________, *The CISG's impact on European Legislation, in* Ferrari, Franco (ed.), *The 1980 Uniform Sales Law: old issues revisited in the light of recent experiences*, Verona Conference 2003.

__________, *CISG in the German Federal Civil Court*, in Ferrari, Franco (coord.), *Quo Vadis CISG? Celebrating the 25th Anniversary of the United Nations Convention on Contracts for the International Sale of Goods*, Sellier, München, 2005.

__________, *The Remedy of Avoidance of Contract Under CISG - General Remarks and Special Cases*, 25 Journal of Law and Commerce, 2005-06, (423-436).

Malik, Shahdeen, *Offer: Revocable or Irrevocable. Will Art. 16 of the Convention on Contracts for the International Sale Ensure Uniformity?* In *Indian J. Int'l L.* (1985) 26-49. Disponível em http://www.cisg.law.pace.edu/cisg/biblio/malik.html.

Marques, Cláudia Lima *in* Pontes De Miranda, Francisco Cavalcanti, *Tratado de Direito Privado, Parte Especial. Direito das Obrigações. Negócios Jurídicos Bilaterais e Negócios Jurídicos Unilaterais. Pressupostos. Vícios de Direito. Vícios de Objeto. Evicção. Redibição. Espécies de negócios Jurídicos Bilaterais e Negócios Jurídicos Plurilaterais*,tomo XXXVIII, atualizado por Marques, Cláudia Lima – Miragem, Bruno, São Paulo, Revista dos Tribunais, 2012.

__________, *Contratos no Código de Defesa do Consumidor*, 4ª ed., São Paulo, Revista dos Tribunais, 2002.

Martín Neira, Lilian San, *Del "deber" del acreedor de evitar o mitigar el daño*, Roma, Università Degli Studi di Roma "Tor Vergata", 2010.

Martins-Costa, Judith, *Comentários ao Novo Código Civil. Do inadimplemento das Obrigações*, arts. 389 a 420, vol. V, tomo II, coord. por Teixeira, Salvio de Figueiredo, 2ª ed., Rio de Janeiro, Forense, 2009.

__________, *O Princípio da Boa-fé Objetiva: Notas entre as Perspectivas entre as Perspectivas da CISG e do Direito Brasileiro, In* Venosa, Silvio de Salvo – Gagliardi, Rafael Villar – Terashima, Eduardo Ono, *A Convenção de Viena sobre Contratos de Compra e Venda Internacional de Mercadorias, Desafios e Perspectivas*, São Paulo, Atlas, 2015.

Mather, Henry, *Firm Offers under the UCC and the CISG*, in *Dickinson Law Review*, Fall 2000 (31-56). Disponível em: http://www.cisg.law.pace.edu/cisg/biblio/mather2.html.

Mcevoy, John P., *in* Ferrari, Franco (org), *The CISG and its Impact on National Legal Systems*, Munich, Sellier, 2008.

Mohs, Florian *in* Schlechtriem, Peter – Schwenzer, Ingeborg, *Commentary on the UN Convention on the International Sale of Goods*, 3ª ed., München, Beck, 2010.

Monteiro, Washington de Barros, *Curso de Direito Civil, v.4: direito das obrigações*, 1ª parte. 32 ed. atualizada por Dabus Maluf, Carlos Alberto, São Paulo, Saraiva, 2003.

Morrissey, Joseph F. –Graves, Jack M., *International Sales Law and Arbitration, Problems, Cases and Commentary*, The Hague, Kluwer Law International, 2008.

Mota Pinto, Paulo, *Declaração Tácita e Comportamento Concludente no Negócio Jurídico*, Coimbra, Almedina, 1995.

Müller-Chen, Markus, in Schlechtriem, Peter – Schwenzer, Ingeborg, *Commentary on the UN Convention on the International Sale of Goods (CISG)*, 3ª ed., München, Beck, 2010.

Mustill, Michael, *The New Lex Mercatoria: The First Twenty-five Years*, Arb.Int'l, 1988, (86 et seq).

Nalin, Paulo - Sirena, Hugo, *A Convenção de Viena de 1980 e a sistemática contratual brasileira: a recepção principiológica do duty to mitigate the loss*, in Revista Trimestral de Direito Civil, vol. 49, 2002.

Nery Junior, Nelson – Nery, Rosa Maria de Andrade, *Código civil anotado e legislação extravagante: atualizado até 2 de maio de 2003*. 2ª ed. rev. e ampl, São Paulo, Revista dos Tribunais, 2004.

Neumayer, Karl H. – Ming, Catherine, *Convention de Vienne sur les contrats de vente internationale de marchandises, Commentaire*, 1ª ed., Lausanne, Cedidac, 1993.

Official Records of the United Nations Conference on Contracts for the International Sale of Goods, Vienna 10 March-11 April 1980.

Opie, Elisabeth *in* Felemegas, John (org), *An International Approach to the Interpretation of the United Nations Convention on Contracts for the International Sale of Goods (1980) as Uniform Sales Law*, New York, Cambridge University Press, 2007.

Ostendorf, Patrick, *International Sales Terms*, München, Beck, 2010.

Pace International Law Review, *Review of the Convention on Contracts for the International Sales of Goods (CISG) 2005-2006*, München, Sellier, 2007.

Parecer nº 1 do CISG-AC, *Comunicações Eletrônicas segundo a CISG*, 15 de agosto de 2003. Relatora: Prof.ª Christina Ramberg, Gotemburgo, Suécia, aprovado por unanimidade, trad. port. Guerra, André Henrique, disponível em https://www.cisgac.com/file/repository/Poruguese_opinion1.pdf.

Parecer n° 5 do CISG-AC, *O direito de resolução contratual pelo comprador na hipótese de desconformidade de mercadorias ou documentos*, 7 de maio de 2005. Relatora: Prof Schwenzer, Ingeborg, LLM, Professora de Direito Privado, Universidade da Basileia, Suíça. Adotada pelo CISG-AC na 9ª reunião realizada na Philadelphia, sem divergência, trad. port. Veronese, Lígia Eespolaor, disponível em: http://www.cisg-brasil.net/downloads/cisgac/op5.pdf.

Parecer nº 9 do CISG-AC, *Consequências da Rescisão do Contrato*. Relator: Prof. Bridge, Michael, London School of Economics, Londres, Reino Unido. Adotada pelo CISG-AC na sua 12ª reunião realizada em Tokyo, Japão, em 15 de novembro de 2008, trad. port. Martini, Pedro disponível em: http://www.cisg-brasil.net/downloads/cisgac/op9.pdf.

Pereira, Caio Mário da Silva, *Instituições de Direito Civil, Teoria Geral das Obrigações*, vol. II, 22ª ed., atualizada por Gama, Guilherme Calmon Nogueira da, Rio de Janeiro, Forense, 2009.

__________, *Instituições de Direito Civil. Contratos. Declaração Unilateral de Vontade. Responsabilidade Civil*, vol. III, 19ª ed., atualizada por Mulholland, Caitlin, Rio de Janeiro, Forense, 2004.

Picazo, Luis Diez – Leon, Ponce de *La Compraventa Internacional de Mercadorías – Comentário de la Convención de Viena*, 1ed., Madrid, Civitas, 1998.

Piltz, Burghard, *Internationales Kaufrecht, Das UN-Kaufrecht in praxisorientierter Darstellung*, 2ª ed., München, Beck, 2008.

Pontes De Miranda, Francisco Cavalcanti, *Tratado de Direito Privado. Parte Geral. Bens.* Fatos Jurídicos, tomo II, atualizado por Sandoval, Ovídio Rocha Barros, São Paulo, Revista dos Tribunais, 2012.

__________, *Tratado de Direito Privado. Parte Especial, Direito das Obrigações: Obrigações e suas espécies. Fontes e espécies de obrigações*, tomo XXII, 3ª ed., Rio de Janeiro, Borsoi, 1971.

__________, *Tratado de Direito Privado. Parte Especial. Direito das Obrigações: Extinção das dívidas e obrigações. Dação em soluto. Confusão. Remissão de dívidas. Novação. Transação. Outros modos de extinção*, tomo XXV, 3ª ed., São Paulo, Revista dos Tribunais, 1984.

__________, *Tratado de Direito Privado. Parte Especial. Direito das Obrigações. Consequências do inadimplemento. Exceções de contrato não adimplido, ou adimplido insatisfatoriamente, e de inseguridade. Enriquecimento injustificado. Estipulação a favor de terceiro. Eficácia protetiva de terceiro. Mudança de circunstâncias. Compromisso,* tomo XXVI, Rio de Janeiro, Borsoi, 1959.

__________, *Tratado de Direito Privado. Parte Especial. Direito das Obrigações: Negócios jurídicos unilaterais. Denúncia. Revogação. Reconhecimento. Promessas Unilaterais. Traspasso bancário. Promessa de recompensa. Concurso,* tomo XXXI, 3ª ed., São Paulo, Revista dos Tribunais, 1984.

__________, *Tratado de Direito Privado. Parte Especial. Direito das Obrigações. Negócios Jurídicos Bilaterais e Negócios Jurídicos Unilaterais. Pressupostos. Vícios de Direito. Vícios de Objeto. Evicção. Redibição. Espécies de negócios Jurídicos Bilaterais e Negócios Jurídicos Plurilaterais,* tomo XXXVIII, 3ª ed., São Paulo, Revista dos Tribunais, 1984.

__________, *Tratado de Direito Privado. Parte Especial. Direito das Obrigações: Compra e venda. Troca. Contrato estimatório,* tomo XXXIX, 3ªed., Rio de Janeiro, Borsoi, 1972.

Rabel, Ernst, *Der Entwurf eines einheitlichen Kaufgesetzes, in* Zeitschrift für ausländisches und internationales Privatrecht, 9. Jahrg., Berlin, Mohr Siebeck, 1935.

__________, *The Draft of a Uniform Law Concerning International Sales of Goods,* Rome, Unidroit, 1947.

Rechsteiner, Beat Walter, *Direito Internacional Privado. Teoria e Prática,* 15ª ed., São Paulo, Saraiva, 2012.

Roppo, Enzo. *O contrato,* trad. port. Coimbra, Ana e Gomes, M. Januário, Coimbra, Almedina, 2009.

Roppo, Vincenzo, *A partire dalla formazione: divagazione non molto ortodosse in tema di contratto,* in *Il contratto del duemila,* Torino, G. Giapichelli, 2011.

Saarre, Kalev – Sein, Karin – Simovart, Mari Ann, *The Buyer's Free Choice Between Termination and Avoidance of a Sales Contract, in* Juridica International XV, Tallinn, 2008 (43-53).

Saidov, Djakhongir, *The law of damages in international sales, the CISG and other international instruments,* Oxford, Hart, 2008.

Šarčević, Petar, *The CISG and Regional Uunification, in* Ferrari, Franco (org), *The 1980 uniform sales law: old issues revisited in the light of recent experiences: Verona conference 2003,* München, Sellier European Law Publishers, 2003.

Schlechtriem, Peter – Butler, Petra, *UN law on international sales, the UN Convention on the International Sale of Goods,* Berlin, Springer, 2009.

Schlechtriem, Peter – Schwenzer, Ingeborg, *Commentary on the UN Convention on the International Sales of Goods (CISG)*, 2ª ed., New York, Oxford University Press, 2005.

__________, *Commentary on the UN Convention on the International Sale of Goods*, 3ª ed., München, Beck, 2010.

Schlechtriem, Peter, *Interpretation, gap-filling and further development of the UN Sales Convention*, tradução do texto *Auslegung, Lückenfüllung und Weiterentwicklung*, Basel, 2004. Disponível em: http://www.cisg.law.pace.edu/cisg/biblio/schlechtriem6.html.

__________, *Of words and issues – finding a common language for common issues*, in Review of the Convention on Contracts for the International Sales of Goods (CISG), Pace International Law Review, Sellier, 2003-2004 (79-90).

__________, *Requirements of Application and Sphere of Applicability of the CISG*, Victoria University of Wellington Law Review, 2005/4 (781-794).

__________, *Subsequent Performance and Delivery Deadlines - Avoidance of CISG Sales Contracts Due to Non-conformity of the Goods*, 18 *Pace International Law Review*, Issue No. 1, Spring 2006, (83-98).

__________, *Uniform Sales Law – The UN Convention on Contracts for the International Sales of Goods*, Wien, Mainz, 1986.

Schmidt, Peter Jan, *La Revocación de la oferta en el derecho contractual de los países Latinoamericanos y en el Derecho Uniforme, in Roma e America. Diritto Romano Comune in* Rivista di Diritto Dell'Integrazione e Unificazione del Diritto in Europa e in America Latina, vol 30, Roma, Mucchi Editore, 2010.

Schwenzer, Ingeborg – Fountoulakis, Christiana, *International Sales Law*, London, Routledge-Cavendish, 2007.

Schwenzer, Ingeborg *et.al*, *Comentários à Convenção das Nações Unidas sobre Contratos de Compra e Venda Internacional de Mercadorias*, São Paulo, Revista dos Tribunais, 2014.

Schwenzer, Ingeborg, *Direito de Rescindir o Contrato*, Venosa, Sílvio de Salvo – Gagliardi, Rafael Villar – Terashima, Eduardo Ono, *A Convenção de Viena sobre Contratos de Compra e Venda Internacional de Mercadorias, Desafios e Perspectivas*, São Paulo, Atlas, 2015.

Serpa Lopes, Miguel Maria de, *Curso de Direito Civil. Fonte das Obrigações: Contratos*, vol. III, 3ª ed., Rio de Janeiro, Freitas Bastos, 1961.

__________, *O Silêncio como Manifestação de Vontade*, 3ªed., Rio de Janeiro, Freitas Bastos, 1961.

Sivesand, Hanna, *The Buyer's Remedies for Non-Conforming Goods, Should there be Free Choice or are Restrictions Necessary?*, München, Sellier, 2005.

Spagnolo, Lisa, *Green Eggs and Ham: The CISG, Path Dependence, and the behavioural Economics of Lawyers' choices of Law in International Sales Contracts*, in, Journal of Private International Law, vol. 6, Nº 2, 2010, pp. 417-464.

Stoll, Hans *in* Schlechtriem, Peter, *Commentary on the UN Convention on the International Sale of Goods* (CISG), 2ª ed., München, Beck, 1998.

Takahashi, Koji, *Right to Terminate (Avoid) International Sales of Commodities*, in *Journal of Business Law*, March 2003.

Tallon, Denis *in* Bianca, Massimo C. – Bonell, Michael Joachim, *Commentary on the International Sales Law*, Milano, Giuffré, 1987.

Tepedino, Gustavo – Barboza, Heloisa Helena – Bodin De Moraes, Maria Celina, *Código Civil Interpretado Conforme a Constituição da República*, vol. II, São Paulo, Renovar, 2006.

The Uncitral Guide – Basic Facts about the United Nations Commission on International Trade Law, Uncitral, United Nations, Viena, 2007. Disponível em: https://www.uncitral.org/pdf/english/texts/general/06-50941_Ebook.pdf.

Tiburcio, Carmen, *Consequências do Inadimplemento Contratual na Convenção de Viena Sobre Venda Internacional de Mercadorias (CISG)*, *In* Revista de Arbitragem e Mediação, vol. 37, 2013 (167-183).

Torsello, Marco, *Common Features of Uniform Commercial Law Conventions, A Comparative Study Beyond the 1980 Uniform Sales Law*, München, Sellier, 2004.

Ubaldino Miranda, Custódio da Piedade, *Comentários ao Código Civil. Dos Contratos em Geral (arts. 421 a 480)*, *in* Azevedo, Antonio Junqueira de (coord.), vol. 5, São Paulo, Saraiva, 2013.

Uncitral Digest of case law on the United Nations Convention on the International Sale of Goods, 2004.

Veneziano, Anna, *Uniform Interpretation: What is being Done? Unofficial Efforts and Their Impact*, *in* Ferrari, Franco (org), *The 1980 uniform sales law: old issues revisited in the light of recent experiences: Verona conference 2003*, München, Sellier European Law Publishers, 2003.

Venosa, Silvio de Salvo, *Direito Civil. Teoria Geral das Obrigações e Teoria Geral dos Contratos,* vol II, 5ª Ed., São Paulo, Atlas, 2005.

Verçosa, Haroldo Malheiros Dulerc, *Contratos Mercantis e a Teoria Geral dos Contratos. O Código Civil de 2002 e a Crise do Contrato*, São Paulo, Quartier Latin, 2010.

Viana, Marco Aurélio da Silva, *Curso de Direito Civil, Direito das Obrigações*, Rio de Janeiro, Forense, 2007.

Vieira, Iacyr Aguilar, *in* Ferrari, Franco (org), *The CISG and its Impact on National Legal Systems*, Munich, Sellier, 2008.

__________, *L' applicabilité et l'impact de la Convention des Nations Unies sur les contrats de vente internationale de marchandises au Brésil*, Strasbourg, Presses Univ., 2010.

__________, *Plaidoyer por uma aplicação da Convenção de Viena de 1980 relativa à compra e venda internacional de mercadorias no Brasil, in* Vieira, Iacyr Aguilar (org.), *Estudos de Direito Comparado e de Direito Internacional Privado*, Curitiba, Juruá, 2011.

Vilus, Jelena, *Provisions Common to Seller and Buyer, in* Sarcevic, Petar – Volken, Paul, *International Sales of Goods, Dubrovnik Lectures*, New York, Oceana, 1986.

Vincze, Andrea *in* Felemegas, John (org), *An International Approach to the Interpretation of the United Nations Convention on Contracts for the International Sale of Goods (1980) as Uniform Sales Law*, New York, Cambridge University Press, 2007.

Viscasillas, Maria Del Pilar Perales, *El contrato de compraventa internacional de mercancia (Convención de Viena de 1980)*,1ª ed., 2001, § 173, disponível in http://www.cisg.law.pace.edu/cisg/biblio/perales1.html.

__________, *The Formation of Contracts and the Principles of European Contract Law, in Pace International Law Review* (Fall 2001). Disponível em: http://cisgw3.law.pace.edu/cisg/biblio/perales3.html.

Volken, Paul, *The Vienna Convention: Scope, Interpretation and Gap-Filling in* Sarcevic, Petar – Volken, Paul, *International Sales of Goods, Dubrovnik Lectures*, New York, Oceana, 1986.

Wald, Arnoldo – COSTA, José Augusto Fontoura – VIEIRA, Maira de Melo, *O impacto da Convenção de Viena sobre a Compra e Venda Internacional de Mercadorias no Direito Brasileiro: Visão Geral, in* Revista de Arbitragem e Mediação, ano 10, vol. 37, abr-jun, 2013.

Will, Michael *in* BIANCA, Massimo C. – BONELL, Michael Joachim, *Commentary on the International Sales Law*, Milano, Giuffré, 1987.

Witz, Claude, *A Internacionalidade e o Contrato, in* Vieira, Iacyr Aguilar (org.), *Estudos de*

Direito Comparado e de Direito Internacional Privado, Curitiba, Juruá, 2011.

__________, *Les premières applications jurisprudentielles du droit uniforme de la vente internationale. Convention des Nations Unies du 11 avril 1980*, Paris, L.G.D.J, 1995.

Zanetti, Cristiano de Sousa, *A Mitigação do Dano e Alocação de Responsabilidade*, in Revista Brasileira de Arbitragem, vol. 35, jul/ago/set 2012.

Zeller, Bruno *in* Felemegas, John (org), *An International Approach to the Interpretation of the United Nations Convention on Contracts for the International Sale of Goods (1980) as Uniform Sales Law*, New York, Cambridge University Press, 2007.

Ziegel, Jacob S., *Report to the Uniform Law Conference of Canada on Contracts for International Sales of Goods*, Toronto, Galston & Smit, 1981.

__________, *The Remedial Provisions in the Vienna Sales Convention: Some Common Law Perspectives*, *in* Bender, Matthew, *International Sales: The United Nations Convention on Contracts for the International Sale of Goods*, Galston & Smith, 1984.

ÍNDICE